LE ROI LÉAR,

TRAGÉDIE

EN CINQ ACTES,

PAR M. DUCIS,

DE L'ACADÉMIE FRANÇAISE;

Secrétaire ordinaire de MONSIEUR.

REPRÉSENTÉE à Versailles devant Leurs Majestés,
le Jeudi 16 Janvier 1783 ; & à Paris, le Lundi
20 du même mois, par les Comédiens Français.

A PARIS,

Chez P. Fr. GUEFFIER, Libraire-Imprimeur,
au b de la rue de la Harpe, à la Liberté.

═══════════════

M. DCC. LXXXIII.

Avec Approbation & Permission.

ÉPITRE

DÉDICATOIRE

A MA MERE.

MA TENDRE ET RESPECTABLE MERE,

O U I : c'est à vous que je dois dédier un Ouvrage, dont tout le mérite peut-être est dans une sensibilité héréditaire que j'ai puisée dans votre sein. N'est-ce pas vous qui avez pleuré la premiere sur le sort de Léar? Pourrois-je jamais oublier ces heures délicieuses, où, dans le calme d'une soirée d'hiver, sous votre toit solitaire & tranquille, vous faisant connoître pour la premiere fois ce pere abandonné, interrompu moi-même au milieu de ma lecture par notre commune émotion, dans le plaisir & le trouble de la douleur, je me vis tout-à-coup baigné des larmes de mes enfans, de ces deux orphelines, que ne m'ont jamais causé d'autre chagrin que de retracer trop vivement à mon souvenir les grâces intéressantes, & sur-tout l'ame si pure & si sensible de leur mere? Privées, hélas! trop tôt de son appui, elles ont du moins, après notre malheur, retrouvé ses secours dans vos foyers, & ses leçons dans vos exemples. Objet dès mon enfance de votre tendresse particuliere, sans doute parce que j'en avois le plus de besoin, vous êtes devenue ma mere une seconde fois en voulant encore, dans l'âge du repos, vous dévouer à la culture de deux plantes délicates qui ne pouvoient plus croître & s'élever que sous votre abri. Combien d'autres bienfaits personnels ai-je reçus de votre ame généreuse, depuis que vous m'avez recueilli dans vos bras! Quel ami secourut jamais son ami par plus d'effets avec moins de paroles! Ah! si j'emporte une idée consolante dans la tombe (où puissé-je descendre avant vous!) ce sera celle de vous avoir payé ce tribut solemnel de ma reconnoissance. Non: désormais, quel que soit le sort de mes travaux, ni les succès, ni les disgraces qui les attendent, n'altéreront dans mon ame le bonheur de sentir & d'éprouver tous les jours, avec les mêmes délices, que vous êtes ma mere.

Je suis avec le plus profond respect,

MA TENDRE MERE,

Votre très-humble & très-obéissant fils,

D U C I S.

AVERTISSEMENT.

LA Traduction du Théâtre de Shakespeare par M. le Tourneur, est entre les mains de tout le monde; ainsi chacun peut voir aisément ce que j'ai tiré de cet Auteur célebre, & ce qui est de mon invention dans cette Tragédie. Je sais tout ce que je dois au bonheur du sujet dont j'ai été averti par mes larmes dans le charme de la composition. Cependant, j'ai tremblé plus d'une fois, je l'avoue, quand j'ai eu l'idée de faire paroître sur la Scene Française un Roi dont la raison est aliénée. Je n'ignorois pas que la sévérité de nos regles & la délicatesse de nos Spectateurs nous chargent de chaînes que l'audace Angloise brise & dédaigne, & sous le poids desquelles il nous faut pourtant marcher dans des chemins difficiles avec l'air de l'aisance & de la liberté. Je suis bien éloigné de croire que cet affranchissement des regles, cette indépendance même poussée à l'excès, diminuent en rien la gloire de Shakespeare, c'est-à-dire, du plus vigoureux & du plus étonnant Poëte tragique qui ait peut-être jamais existé, génie singuliérement fécond, original, extraordinaire, que la nature semble avoir créé exprès, tantôt pour la peindre avec tous ses charmes, tantôt pour la faire gémir sous les attentats ou les remords du crime. Il m'est sans doute échappé bien des fautes dans cet ouvrage ; mais je me félicite au moins d'avoir fait couler quelques larmes dans une piece utile aux mœurs, où j'ai vu les peres conduire leurs enfans. Puissent ceux de mes Lecteurs qui l'ont accueillie au Théâtre, ne pas oublier, pour m'être encore favorables, avec quelle noblesse, quelle admirable simplicité, quelle ame & quels accens puisés au sein même de la nature, un Acteur, chéri du Public, a rendu le personnage d'un Roi & d'un Pere abandonné, Vieillard vraiment déplorable, tombé dans la misere pour avoir été trop généreux, & dans la démence pour avoir été trop sensible ! Il est doux au Spectateur attendri de reconnoître dans un grand talent qui le frappe, dans des moyens extérieurs qui l'enchantent, cet accord si précieux du talent avec le caractere, & de n'avoir pas à séparer son estime de son suffrage. Il lui semble alors que sa jouissance & ses larmes sont plus pures, & qu'il a de plus le plaisir d'applaudir aux mœurs & à la vertu.

On trouve chez le même Libraire les PIECES
suivantes du même Auteur.

HAMLET.
ROMEO ET JULIETTE.
ŒDIPE CHEZ ADMETE.

On y trouve aussi

THÉATRE DE SOCIÉTÉ, par M. Collé, 3 vol.
in-12.

LA MERE COQUETTE,
LE MENTEUR,   } Pieces retouchées par le
L'ESPRIT FOLLET,   même.
L'ANDRIENNE,

MONSIEUR CASSANDRE, ou les Effets de l'Amour
& du verd-de-gris, Tragédie.
LE CHIRURGIEN DE VILLAGE, Comédie.
L'HOMME PERSONNEL, Comédie par M. Barthe.

PERSONNAGES.

LÉAR, ancien Roi d'Angleterre.	M. Brizard.
REGANE, feconde fille de Léar, mariée au Duc de Cornouailles.	Mlle. Thénard.
HELMONDE, troifieme fille de Léar, non mariée.	Mad. Veſtris.
LE DUC D'ALBANIE, époux de Volnérille, fille aînée de Léar.	M. Fleury.
LE DUC DE CORNOUAILLES, époux de Régane, feconde fille de Léar.	M. Saint-Prix.
LE COMTE DE KENT, Seigneur Anglois.	M. Vanhove.
EDGARD, fils du Comte de Kent.	M. Molé.
LÉNOX, autre fils du Comte de Kent.	M. Florence.
NORCESTE, pauvre vieillard.	M. Dorival.
OSWALD, Officier du Duc de Cornouailles.	M. Marſy.
VOLWICK, autre Officier du Duc.	M. Dunand.
STRUMOR, autre Officier du Duc.	M. Garnier.

PRINCIPAL CONJURÉ DU PARTI D'EDGARD.
UN SOLDAT DU DUC DE CORNOUAILLES.
UN AUTRE SOLDAT DU DUC DE CORNOUAILLES.

PERSONNAGES MUETS.

GARDES DU DUC D'ALBANIE.
GARDES DU DUC DE CORNOUAILLES.
SOLDATS OU ARMÉE DU DUC DE CORNOUAILLES.
CONJURÉS DU PARTI D'EDGARD.

La Scene eſt en Angleterre; l'aĉtion ſe paſſe pendant le premier & le ſecond Aĉtes, duns un Château fortifié du Duc de Cornouailles; & pendant les troiſieme, quatrieme & cinquieme, ſous l'abri & auprès d'une Caverne, au milieu d'une forêt.

LE ROI LÉAR,
TRAGÉDIE.

ACTE PREMIER.

(Le Théâtre repréfente un Château fortifié du Duc de Cornouailles.)

SCENE PREMIERE.

LE DUC DE CORNOUAILLES, OSWALD.

OSWALD.

Quoi, Seigneur, c'eſt ici, dans ces hardis remparts
Que l'orgueil de leurs tours défend de toutes parts,
C'eſt au fond des forêts, au pied de ces murailles,
Que je viens retrouver le Duc de Cornouailles !
Quelle raiſon, Seigneur, dans cet affreux ſéjour
Vous a fait tout-à-coup tranſporter votre Cour ?

A

LE DUC DE CORNOUAILLES.

Tu l'apprendras, Oswald. Qu'avec impatience,
Sur ces bords dangereux j'attendois ta présence !
Parle, que fait Léar ?

OSWALD.

Seigneur, de ses longs jours,
Auprès de Volnérille, il acheve le cours ;
Mais j'ai cru remarquer, dans sa morne tristesse,
Le dépit d'un Vieillard que tout choque & tout blesse,
Qui de l'amour du Trône est toujours possédé,
Et pleure en frémissant le rang qu'il a cédé.
Lorsqu'au Duc d'Albanie, unissant Volnérille,
Il le fit par l'hymen entrer dans sa famille,
Quand bientôt de Régane il vous nomma l'époux,
Il sait qu'il partagea l'Angleterre entre vous ;
Et c'est ce souvenir, pour lui plein d'amertume,
Qui, plus lourd que les ans, l'accable & le consume.
On dit même, Seigneur, qu'en ses ennuis secrets
Il laisse pour Helmonde échapper des regrets ;
On dit, qu'après l'avoir & chassée & maudite,
Il rappelle en son cœur cette fille proscrite,
Qu'il la croit innocente, & voudroit aujourd'hui
L'opposer à ses Sœurs, & s'en faire un appui,
Lui rendre avec éclat, par un nouveau partage,
Et sa part & ses droits dans son vaste héritage,
Et peut-être, Seigneur, par un grand changement,
Renvèrser tout l'Etat pour régner un moment.
Un inconstant Vieillard, lassé du diadême,

Abdique imprudemment & s'en repent de même :
Long-temps fur fa Couronne il tourne encor les yeux;

LE DUC DE CORNOUAILLES.

Et voilà le motif qui m'amene en ces lieux.
J'ai craint de ce Vieillard l'altiere inquiétude ;
J'ai craint que de ces bois l'épaiffe folitude
Ne cachât un ramas de brigands révoltés,
A rétablir Léar par l'intrigue excités.
En révolutions l'Angleterre eft féconde,
Inftruit que des complots favorifoient Helmonde ;
Dans ces forêts, Ofwald, je fuis vîte accouru.
Mes foldats raffemblés fur mes pas ont paru :
Et, fous prétexte, ami, de défendre un rivage,
Où le Danois bientôt doit porter le ravage,
Je viens furprendre ici mes odieux fujets ;
Je viens dans leur naiffance étouffer leurs projets ;
Je viens pour les punir : &, fi ma violence
Tant de fois fans pitié déploya ma vengeance,
Tu conçois aifément que je ferai couler
Le fang des criminels qui m'auront fait trembler.

OSWALD.

Eh, croyez-vous, Seigneur, qu'Helmonde encor
    refpire ?
Quand j'ai cherché fes pas, tout ce qu'on m'a pu dire;
C'eft qu'une nuit profonde enveloppe fon fort,
Ou qu'enfin fes malheurs l'ont conduite à la mort.
Non, rien ne doit troubler Régane & Volnérille;
Helmonde a de Léar ceffé d'être la fille.

Quand Léar le voudroit, il tenteroit fans fruit,
D'armer pour elle un droit que fon crime a détruit.
Pourroit-il oublier l'éclat de fa colere !

LE DUC DE CORNOUAILLES.

Connois mieux, cher Ofwald, ce fougueux caractere :
Il fut extrême en tout; jamais dans fa bonté,
Jamais dans fa rigueur il ne s'eft arrêté.
Avant les attentats de fa coupable fille,
Il paroiffoit pour elle oublier fa famille ;
Il la voyoit, Ofwald, comme un préfent des Dieux,
Dont la beauté célefte enchantoit tous les yeux;
Il adoroit en elle un fruit de fa vieilleffe;
Il l'accabloit des foins d'une aveugle tendreffe.
Bientôt il l'a punie avec févérité.
Kent ofa la défendre, & Kent fut écarté ;
Il paya par l'exil quarante ans de fervices.
En irritant, Ofwald, fa haine ou fes caprices,
Un moment peut fuffire à l'armer contre nous.
Du fort, du fort perfide enfin je crains les coups.
Je ne fais quel inftinct, quelle terreur profonde,
Me dit que le foleil luit encor pour Helmonde.
Je tremble d'un péril que je ne connois pas.
Je démens, malgré moi, le bruit de fon trépas.
Ne crois point, cher Ofwald, cette crainte légere :
Souvent une étincelle embrâfa l'Angleterre :
Son Peuple m'eft connu. Suivi de mes Soldats,
Par-tout dans ces forêts, ami, porte tes pas;
Parcours leur profondeur, écoute leur filence ;

Pousse jusqu'à l'excès la sage défiance :
Qu'il ne soit ni détour, ni réduit, ni rocher,
Où ton œil ne pénétre & n'aille la chercher.
Livre, livre en mes mains cette tête ennemie.....
On vient : pars.... C'est Régane & le Duc d'Albanié,
Et les deux fils de Kent, qui s'offrent à mes yeux.

(Oswald sort.)

SCENE II.

LE DUC DE CORNOUAILLES, RÉGANE, *Duchesse de Cornouailles* , LE DUC D'ALBANIE, EDGARD, LÉNOX.

LE DUC D'ALBANIE.

DUC, enfin le devoir m'éloigne de ces lieux.
De nos droits contestés les bornes sont prescrites ;
Un traité les resteint dans leurs justes limites.
De la paix entre nous les nœuds sont affermis.
Pour repousser par-tout nos communs ennemis,
J'ai par-tout de nos bords assuré la défense.
Ma Cour depuis long-temps demande ma présence ;
J'y retourne, Seigneur. Je vais bientôt revoir
L'auguste bienfaiteur dont je tiens mon pouvoir,
Ce généreux Léar qui m'accorda sa fille,
Qui, sans éclat, sans sceptre, auprès de Volnérille,
Trop content d'être aimé, voulut mourir en paix,
Et daigna pour retraite agréer mon Palais.
Sa bonté pouvoit-elle éclater davantage ?

RÉGANE.

De notre juste amour, Duc, portez-lui l'hommage ;
Unissez vos respects avec ceux de ma sœur,
Et de ses jours nombreux prolongez la douceur :
Mais sur-tout de son ame & sensible & profonde,
Puissiez-vous effacer le souvenir d'Helmonde,
De cette fille ingrate, & qui par ses forfaits !.....

LÉNOX.

Des forfaits ! Elle ! O Dieux, je ne les cru jamais !

LE DUC DE CORNOUAILLES.

Téméraire, osez-vous, par ces discours....

EDGARD.

Mon frere !

LE DUC DE CORNOUAILLES.

Voilà les sentimens où l'a nourri son pere ;
C'est l'ouvrage de Kent....

LE DUC D'ALBANIE.

Dites plutôt l'ardeur
D'un âge impétueux qui parle avec candeur.
Je n'ai jamais d'Helmonde approfondi le crime ;
Mes yeux ont toujours craint de percer cet abyme :
J'en laisse avec respect le jugement aux Dieux.
Duchesse, & vous, Seigneur, recevez mes adieux.
Je reviendrai bientôt, si l'honneur me rappelle.

LE DUC DE CORNOUAILLES.

Comptez, dans nos périls, fur un avis fidele.
Si l'infolent Danois tente quelques efforts,
Mon camp, prêt à marcher, vous attend fur ces bords.
(Le Duc d'Albanie fort.)

SCENE III.

LE DUC DE COURNOUAILLES, RÉGANE, EDGARD, LÉNOX.

LE DUC DE CORNOUAILLES.
(à Edgard & à Lénox.)

ET vous, jeunes foutiens de votre antique race,
Fils du Comte de Kent, quand votre noble audace
Voit par-tout fur mes pas accourir nos guerriers,
Je ne vous preffe point de cueillir des lauriers.
J'ai plaint, j'ai révoqué l'exil de votre pere.
Vous dépendez de lui. Votre valeur m'eft chére :
Mais, quels que foient mes vœux, j'attendrai que fa
    voix,
S'expliquant fur fes fils, en difpofe à fon choix.
(Il fort avec la Ducheffe.)

SCENE IV.

EDGARD, LÉNOX.

EDGARD.

Hé bien, mon cher Lénox ?

LÉNOX.

Je vois trop que la guerre
Contre le Danemark arme encor l'Angleterre.

EDGARD.

Dans le fond de ton cœur ne murmures-tu pas
Qu'une oisive langueur doive enchaîner ton bras ?

LÉNOX.

J'en gémis. Mais enfin, si vous daignez m'en croire,
Oublions, cher Edgard, les combats & la gloire.
Mon pere nous attend. Venez, allons tous deux
Consoler ses ennuis sous son toît vertueux.
En vieillissant, hélas ! toujours plus solitaire,
L'aspect de ses enfans lui devient nécessaire.
Il m'envoie en ces lieux, au nom de son amour,
Dans son sein paternel hâter votre retour.

EDGARD.

Ah Dieux !

LÉNOX.

Sa volonté, son ordre est manifeste ;
Je vous l'ai dit, mon frere.

EDGARD.

O devoir trop funeste !
Son ordre m'est sacré, je voudrois le remplir :
Et qu'il m'en coûte, hélas ! de lui désobéir !

LÉNOX,

Vous n'obéirez point ?

EDGARD.

Je n'en suis plus le maître.

LÉNOX.

Songez, mon cher Edgard, que son sang nous fit
   naître ;
Qu'il compte les instans ; que ses justes transports
Peuvent, si nous tardons, l'appeler sur ces bords.

EDGARD.

Que me dis-tu, Lénox !

LÉNOX.

Ainsi, quittant un frere,
Seul, & pour l'affliger, je vais revoir mon pere !
Quoi, déja trop sensible aux charmes d'une Cour,
Auriez-vous oublié cet innocent séjour
Où notre pere, heureux, sans remords, sans murmure,
Retrouva dans l'exil les biens de la nature ?
Eh, quel fut son forfait ? Comment mérita-t-il
Les rigueurs de Léar & son injuste exil ?
En l'osant supplier de rester toujours maître,
De mourir sur le Trône où le Ciel le fit naître ;

De ne point abdiquer un pouvoir souverain
Que sa vieillesse un jour regretteroit en vain.
Et c'est vous à la Cour, vous, qui prétendez vivre !
L'erreur d'un fol espoir, qui déja vous enivre,
Vous auroit-elle offert ses dangereux poisons ?
Ne vous souvient-il plus de ces hautes leçons
Que d'un pere à nos yeux déployoit la sagesse,
Quand il peignoit des Cours l'intrigue & la bassesse ;
Ces Courtisans profonds, ces Ministres adroits,
Elevant leur pouvoir sur la langueur des Rois ;
Tous ces Tyrans ligués, ravis enfin de l'être,
Se partageant entr'eux le sommeil de leur maître ;
Sous le vice insolent le mérite abattu ;
L'horrible calomnie égorgeant la vertu ;
Quand il nous racontoit dans sa douleur profonde,
Les pleurs, le désespoir de l'innocente Helmonde,
D'Helmonde que Léar, terrible & furieux,
Chassa de son Palais en invoquant les Dieux,
Repoussant de son sein cette fille timide,
La nommant, à grands cris, barbare & parricide ?
Là, sans qu'il pût jamais reprendre ce discours,
Ses sanglots dans sa bouche en arrêtoient le cours.
Il a pleuré sa mort.... Vous soupirez, mon frere ?

EDGARD.

Eh, si je t'expliquois tout cet affreux mystere,
Si j'allois, éclairant cet abyme odieux,
Dans toute son horreur le montrer à tes yeux !

LÉNOX.

Ah, parle !

EDGARD.
Helmonde.....

LÉNOX.
Eh bien ?

EDGARD.

J'ai vu couler ses larmes.
Hélas, le jeune Ulric, trop sensible à ses charmes,
Venoit de déposer son sceptre à ses genoux !
Léar avec plaisir le nommoit son époux.
Ivre de sa conquête, il partoit avec elle.
Jaloux de transporter une Reine si belle,
Les flots impatiens frémissoient dans nos ports ;
Et déja les Danois l'attendoient sur leurs bords.
Volnérille sa sœur, dévorant son murmure,
En rompant cet Hymen, crut venger son injure.
Quoi, dit-elle à son pere, Helmonde épouse un Roi
Qui semble au Nord entier vouloir donner la loi,
Qui joint à ses Etats la puissante Norvege,
Qui de ses monts glacés qu'un long hiver assiege,
Peut déchaîner d'un mot dans nos champs inondés
De ses affreux Soldats les torrens débordés !
Eh, qui nous défendra de sa fureur guerriere,
S'il partage avec nous la trop foible Angleterre,
Si l'hymen de ma sœur l'établit en des lieux
Dont la conquête aisée éblouira ses yeux !
Cet hymen, il est vrai, couronne votre fille :

Mais comptez-vous pour rien Régane & Volnérille ?
Contre l'Ufurpateur quel fera notre appui !
Sans foutien, fans fecours, nous tremblerons fous lui !
Seigneur, il en eft temps, épargnez à cette Ifle
Tous les malheurs qu'enfante une guerre civile :
Dans des fleuves de fang craignez de la plonger ;
Ne l'afferviffez pas fous un joug étranger ;
D'un conquérant cruel n'armez point la furie :
C'eft moi, votre Maifon, l'Etat qui vous en prie.
De cet hymen fatal craignez l'horrible fruit.
La vieilleffe eft tremblante, & Léar fut féduit.

LÉNOX.

Voilà pourquoi d'Ulric la trop jufte colere,
Pour venger fon affront, menace l'Angleterre.
Par quel refus fanglant ofa-t-on l'outrager !

EDGARD.

Ce Prince, en s'éloignant, jura de fe venger.
Léar redoutoit tout. L'adroite Volnérille
Lui fit voir pour Ulric les tranfports de fa fille ;
Son dépit, fon orgueil, fa froideur, fon ennui
Qui fembloit croître encore en s'approchant de lui ;
Comment fes vœux trompés, l'aigriffant contre un pere,
Rappeloient fon amant au fein de l'Angleterre.
Un bruit en même temps par fes foins fut femé,
Que par elle en fecret ce Prince étoit aimé,
Qu'ils nourriffoient tous deux leur coupable efpérance ;
Qu'elle attifoit de loin fa flamme & fa vengeance ;

Et qu'aux armes d'Ulric ſes dangereux reſſorts
Devoient ouvrir bientôt l'Angleterre & ſes ports.
Tout l'Etat convaincu pouſſa des cris contr'elle ;
On la nomma perfide, ingrate, criminelle :
Le Peuple, extrême en tout, la vit avec horreur :
Et, lorſque tout fut plein du bruit de ſa fureur,
Ce bruit, dont la terreur groſſiſſoit les merveilles,
De Léar tout-à-coup vint frapper les oreilles.
Volnérille étoit-là. Dès-lors, ſans héſiter,
Juſqu'aux derniers excès elle oſa s'emporter ;
Elle accuſa ſa ſœur du plus énorme crime,
Sut, à force d'audace, étourdir ſa victime,
Lui reprocha ſes pleurs, ſes feux, ſa trahiſon,
L'horreur d'un faux écrit, la noirceur du poiſon ;
Le parricide enfin.

LÉNOX.

Quoi, ſa bouche impunie.....!

EDGARD.

C'eſt-là ſon privilége, on croit la calomnie.
Léar alors, Léar frappé de ſes forfaits,
Et s'ouvrant à grand bruit les portes du Palais,
Dieux, dit-il à genoux, Dieux, ſervez ma vengeance,
Notre injure eſt commune, & c'eſt vous qu'on offenſe ;
Qu'errante & fugitive au milieu des déſerts,
Sans monter juſqu'à vous, ſes cris percent les airs !
Sous quelque roche aride étouffez la cruelle !
Que nos mers & nos ports ſoient tous fermés pour elle !
Pour tarir dans les cœurs toute compaſſion,

Peignez dans tous ses traits ma malédiction,
Et le crime & la coupe & l'horrible breuvage,
Et d'un pere expirant la déplorable image !
Il se leve à ces mots. Tout le Peuple irrité
L'environne, frémit, se tait épouvanté.
Ils ne conçoivent point l'horreur d'un f   and crime.
Mille mains aussi-tôt entraînent la victime.
J'ai vu. , . .

LÉNOX.

N'acheve pas.

EDGARD.

En peignant ses douleurs,
Comme mon pere, hélas ; je sens couler mes pleurs !

LÉNOX.

Qui n'en verseroit pas !

EDGARD.

O malheureuse Helmonde !

LÉNOX.

Ainsi donc la vertu devient l'horreur du monde,
Et le crime est en paix !

EDGARD.

Après ce coup affreux ;
L'infortuné Léar, crédule & généreux,
Au Prince d'Albanie accorda Volnérille :
Le Duc de Cornouailles obtint son autre fille,
Régane : & ses Etats, entr'eux deux partagés,
Sous la loi de ces Ducs aujourd'hui sont rangés.

LÉNOX.

Qu'ils regnent, j'y confens! Ah, fi le Ciel propice
Eût aux vertus d'Helmonde enfin rendu juſtice !
Au fer de ſes Tyrans s'il l'eût daigné cacher !
Si ſa douce innocence avoit pu le toucher !
Si ſes beaux yeux encor s'ouvrant à la lumiere ! . . . .

EDGARD.

Eh bien, que ferois-tu? Parle, acheve.

LÉNOX.

O mon frere ;

De quel zele animé j'irois la ſecourir,
M'armer pour ſa vertu, la défendre ou mourir !

EDGARD.

Lénox ! . . . .

LÉNOX.

Edgard ! . . . .

EDGARD.

Mon frere ! . . . .

LÉNOX.

O Ciel, ton cœur ſoupire !

EDGARD.

Apprends dans ce moment qu'Helmonde. . . .

LÉNOX.

Elle reſpire !

EDGARD.

Elle vit.

LÉNOX.

Juſtes Dieux !

EDGARD.

     Lénox, raffure-toi :
Il lui refte un vengeur, & ce vengeur, c'eft moi.

LÉNOX.

Tout mon fang, s'il le faut, coulera pour Helmonde,
Comment l'as-tu fauvée ?

EDGARD.

     En la cachant au monde.
Mais, pour mieux effacer la trace de fes pas,
J'ai fait courir par-tout le bruit de fon trépas.
Le Ciel m'a fecondé. Dans ce bois folitaire,
L'impénétrable horreur d'un rocher tutélaire
Sous un abri facré la dérobe aux humains :
Mon œil feul en connoît l'entrée & les chemins.
C'eft-là, cachant fon fort, que fa vertu tranquille
D'un Vieillard indigent a partagé l'afyle.
On le nomme Norclete.

LÉNOX.

    A-t-elle, en fon malheur,
Sçu le fort de Léar ?

EDGARD.

    Ah, c'eft-là fa douleur !
L'ingrate Volnérille, impunément cruelle,
Tandis que fon époux eft occupé loin d'elle,
De mépris, de dégoûts, d'outrages ténébreux
Abreuve goutte à goutte un vieillard malheureux,
Infulte à fes foupirs, à fa douleur timide,
Goûte en paix les horreurs de ce long parricide,

           Et

Et ne fe fouvient plus, affife au rang des Rois,
Que Léar fut fon pere, & lui céda fes droits.
Elle ofe l'accufer, pour couvrir fes injures,
D'aigrir les mécontens par de fecrets murmures;
D'armer leur intérêt, d'exciter leur defir
A lui rendre un pouvoir qu'il cherche à refaifir.
Le Palais cependant, à fes Maîtres docile,
L'accable fans pitié de fon dédain fervile.
Et moi, murmurant feul, dans mon cœur indigné,
Je plaignois un vieillard, un pere abandonné,
Oublié de fon fang, de fa cour & du monde.
Témoin de fes malheurs, j'en inftruifis Helmonde;
Tu conçois, cher Lénox, qu'en mes triftes récits,
Des tableaux fi cruels devoient être adoucis.
Helmonde, en m'écoutant, fembloit fixer fon pere.
Je la vis immobile & frémir & fe taire:
Loin des cruels humains, on eût dit que les Dieux,
Au fond d'un antre, exprès, la cachoient à leurs yeux.
Tout fembloit confacrer par je ne fais quels charmes,
Le rocher, les rofeaux, confidens de fes larmes;
Son humble vêtement dont là fimplicité
Déroboit fa naiffance, & non pas fa béauté,
Quelquefois, au travers de fa douleur touchante,
Un fouris s'égaroit fur fa bouche innocente.
Ses yeux baignés de pleurs & fon front abattu
Peignoient le défefpoir de la douce vertu.
Que fa douleur encore embelliffoit leurs charmes!
Mon frere, que devins-je, à l'afpect de fes larmes!

B

J'excitai sa vengeance. A ses ordres soumis,
Je parlai, je courus, j'assemblai des amis.
Anglois, leur ai-je dit, un monstre plein de rage
Appesantit sur nous le plus vil esclavage,
Irrite avec plaisir notre juste fureur,
Et la haine privée & la publique horreur :
Tout son regne odieux n'est qu'un tissu de crimes :
Comptez, si vous pouvez, les noms de ses victimes.
L'impitoyable Oswald, ce sinistre étranger,
Aiguise le poignard qui va nous égorger.
Cet obscur assassin, n'ayant dans sa misere,
Aucun nœud qui l'enchaîne, aucun bien qu'il espere,
Attend tout de son Maître, & n'a point d'autre appui
Que le métier sanglant qu'il exerce pour lui :
Jusqu'à ce jour, du moins, sa lâche obéissance
Lui vendoit loin de nous son bras & son silence ;
Mais il doit arriver, il doit dans ce Palais
Montrer bientôt un front chargé de ses forfaits ;
La mort suivra ses pas. Ce tigre qu'on abhorre
De son regard déja nous marque & nous dévore.
Pâlirons-nous toujours sous des couteaux sanglans !
Depuis quand les Anglois souffrent-ils des Tyrans !
Je leur propose alors d'attaquer Cornouailles,
De forcer ce cruel jusques dans ses murailles,
De l'écraser du poids de son sceptre d'airain,
Et de rendre à Léar le nom de Souverain.
Ils applaudissent tous. Ici, dans ce bois sombre,
Je les ai dispersés, pour mieux cacher leur nombre ;

Près de moi cette nuit leurs Chefs vont s'affembler :
Pour frapper ce grand coup, nous allons tout régler.
Je me déclare alors, & je marche à leur tête.

LÉNOX.

C'en eft fait, je te fuis, je pars ; rien ne m'arrête.

EDGARD.

Mon pere nous attend. Songes-tu bien ?....

LÉNOX.

Je veux
Les voir, m'armer, combattre, & mourir avec eux.

EDGARD.

J'entends du bruit. On vient. Jufte Ciel ! c'eft mon
    pere ;
Tu connois fa valeur ; Helmonde lui fût chere,
Cachons-lui des projets qu'il voudroit partager,
Et pour nous feuls au moins réfervons le danger.

SCENE V.

EDGARD, LÉNOX, LE COMTE DE KENT.

LE COMTE.

SUIVEZ-MOI, mes enfans. Ma trifte expérience
Ne m'alarmoit que trop fur votre longue abfence.
J'ai craint que loin de moi quelque indigne raifon
N'écartât pour jamais l'efpoir de ma maifon.
Je viens pour vous chercher. C'eft fur votre tendreffe

Que Kent avec plaifir appuya fa vieilleffe.
Ces paternelles mains, dans mon humble féjour,
Ne vous ont point formés pour les mœurs de la Cour:
Rentrons dans nos déferts, où la vertu ternie
Ne friffonna jamais devant la calomnie:
Partons, mon cher Edgard.

EDGARD.

　　　Hélas, mon pere!.... (*à part.*) Ah Dieux!

LE COMTE.

Quel indigne lien vous enchaîne en ces lieux?

EDGARD.

Edgard, auprès de vous, pour vous feul voudroit
　　vivre.
Je n'ofe m'expliquer.... mais je ne puis vous fuivre.

LE COMTE.

Ingrat, c'en eft affez. Toi, Lénox, fuis mes pas.

LÉNOX.

Mon frere a fes deffeins; je ne le quitte pas.

LE COMTE.

(*à Lénox.*)　　　　(*à Edgard.*)
Qu'entends-je!... Et ces deffeins, quels font-ils?

EDGARD.

　　　　　　　　O mon pere!....

LE COMTE.

Va, je fuis peu jaloux de percer ce myftere.
Je ne m'étonne plus de ces retardemens
Qui trompoient de mon cœur les plus doux mouvemens.

Mes vœux les rappeloient vers mes tristes demeures ;
Je hâtois leur retour & la suite des heures,
De quels tourmens, ô Ciel ! m'as-tu donc accablé !
J'ai langui dans l'exil, à la brigue immolé ;
Et, lorsqu'enfin des ans les ennuis m'environnent,
Ce sont mes propres fils, mes fils, qui m'abandonnent.
Je vais donc loin de vous mourir dans les regrets.
Etoit-ce là, cruels, le prix de mes bienfaits ?
Un espoir vient de luire à votre ame inquiete :
Qui sait dans quel péril ce vain espoir vous jette ?
            (à *Lénox.*)
Mon fils, va, ne crains rien, tu peux me confier
Le projet où ton frere osa t'associer.
Si l'honneur vous l'inspire. . . .

LÉNOX.
Eh bien ?

EDGARD.
Arrête.

LE COMTE.
Acheve.

LÉNOX.
Que faire, ô Ciel !

LE COMTE.
Poursuis.

EDGARD.
Tout mon cœur se souleve.

(à *Lenox, en lui montrant le Comte.*)
Regarde en quels périls un mot va le plonger.

L E C O M T E.

N'importe.

E D G A R D.

Ils font affreux.

L E C O M T E.

Je veux les partager.

E D G A R D.

Dans notre réfiftance uniffons-nous, mon frere;
Et craignons d'expofer une tête fi chere.

L E C O M T E.

Non, non, je ne fuis point trompé par ce détour.
Les deffeins généreux ne craignent point le jour.
Demande à tes aïeux, à ces Guerriers célebres,
S'ils déroboient les leurs dans la nuit des ténebres.
Pour venger l'innocence & fauver la vertu,
C'eft toujours en champ clos qu'ils ont tous combattu.
Ils vouloient des témoins, & toi, tu les redoutes:
Mon fils ne marche pas dans de fi nobles routes.
Car, qui m'affurera fi, troublant mon repos,
Tes projets ignorés ne font pas des complots,
Si tu n'en feras pas la premiere victime,
S'ils ne refpirent pas & l'audace & le crime,
Et fi leur fruit honteux, par un mortel affront,
Ne va pas avilir & ma race & mon front!

E D G A R D.

Eh! c'eft mon pere, ô Ciel, qui me fait cette injure!
Votre nom s'en indigne, & ma gloire en murmure.
Mais je fuis votre exemple; & c'eft fur vos leçons

Que j'appris à braver les injustes soupçons.
Ne me reprochez pas un coupable mystere :
Hé ! puis-je à mes périls associer mon pere !
J'imiterai si bien nos illustres aïeux,
Qu'à mon tour sur Edgard j'attacherai leurs yeux.
En expirant du moins nous nous ferons connoître,
Mais avec tant d'éclat, qu'on vous verra peut-être
Porter vous-même envie à des trépas si beaux,
Et de pleurs d'alliégresse arroser nos tombeaux.
Que dis-je ! Dans vos bras (tout m'invite à le croire)
Nous reviendrons bientôt jouir de notre gloire.
Heureux alors tous trois. . . .

LE COMTE.

      Tes vœux sont superflus :
Ces bras, ces bras pour toi ne se rouvriront plus.
Embrassez-moi cruels.

LÉNOX.

    Ce pardon me rassure.

LE COMTE.

Est-il en mon pouvoir d'étouffer la nature !
Ciel, qui sais leurs desseins, daigne les protéger !
Je vais trembler pour vous.

EDGARD.

      Je crains peu le danger.
Allons, mon frere, allons ; j'ai besoin de ton zele :
Marchons où mes sermens, où la vertu m'appelle.

    (*Edgard sort avec Lénox.*)

SCENE VI.

Le Comte de KENT *seul*.

Ils me laissent, hélas ! Lénox m'eût obéi,
Si son frere à l'instant ne l'eût pas affermi.
Comme il m'a résisté ! Pourtant, je le confesse,
J'ai d'un fils dans son cœur reconnu la tendresse.
Ils m'aiment. Je les plains de leur témérité :
Mais toujours vers l'excès cet âge est emporté.
Telle est donc l'infortune & le destin des peres,
Que ce titre en tout temps produisit leurs miseres,
Et que de leurs enfans, s'ils sont nés généreux,
La vertu les accable & pese encor sur eux !

SCENE VII.

Le Comte de KENT, le Duc D'ALBANIE.

Le DUC.

Comte, le Roi Léar (j'en reçois la nouvelle)
A quitté Volnérille & s'est éloigné d'elle :
J'en ignore la cause : on ne m'informe pas
Vers quels lieux dans sa fuite il a tourné ses pas.
Je connois trop pour lui votre amitié fidele,
Pour n'en pas dans l'instant avertir vôtre zele.

Le COMTE.

Quel motif de sa fille a pu le séparer ?

LE DUC.

On dit que sa raison commence à s'égarer.
Souvent de notre esprit la honteuse foiblesse
Est le fruit malheureux de l'extrême vieillesse.

LE COMTE.

Il gémit dès long-temps sous le poids de ses jours.

LE DUC.

On croit qu'enfin la mort va terminer leur cours.

LE COMTE.

Je ne le plaindrai point.

LE DUC.

A cette tête auguste,
Cher Comte, nous prenons l'intérêt le plus juste :
Ne partons pas encore.

LE COMTE.

Allons, j'attends ici,
Que son malheureux sort soit du moins éclairci,
(Ils sortent.)

Fin du premier Acte.

ACTE II.

SCENE PREMIERE.

LE COMTE DE KENT *seul.*

Quoi, Léar tout-à-coup a quitté Volnérille !
Il vient de s'échapper du Palais de sa fille !
Quel est donc son espoir, & que faut-il penser ?
Sur ses cheveux blanchis les ans doivent peser.
Dieux ! s'il alloit sentir, dans sa vieillesse extrême,
La nudité d'un front privé du diadême !
O trop funeste excès ! Ses aveugles bontés
Ont produit ses erreurs & ses calamités.
N'importe ; c'est un pere ; & ses maux sont les nôtres.
Hélas ! il a cru voir ses vertus dans les autres.
O malheureux Léar ! puissent de tes bienfaits
Tes enfans si chéris ne te punir jamais !

SCENE II.

LE COMTE DE KENT, VOLWICK.

VOLWICK.

SEIGNEUR, dans ce moment, un Vieillard dé-
plorable
Que la crainte, la honte, & la misere accable,
Attendant sous ces murs le retour de la nuit,
Vient enfin d'implorer ma main qui l'a conduit.
En parlant de son sort, votre nom, qui le touche,
Deux fois avec tendresse est sorti de sa bouche.
Instruit que dans ces lieux il pourroit vous revoir,
Une douce espérance a paru l'émouvoir :
Il voudroit vous parler.

LE COMTE.
Quel est-il?

VOLWICK.
Je l'ignore.
Ses bras pressent son sein que le chagrin dévore.
Au froid dur & cruel dont ses sens sont glacés,
Il joint le froid des ans sur sa tête amassés.
Caché sous des lambeaux, un reste de richesse
Semble encor de son rang accuser la noblesse.
On lit avec pitié ses naïves douleurs
Dans ses yeux affoiblis & creusés par les pleurs.
Il disoit, mes enfans! Les Dieux, qu'il nous rappelle;

Ont peint dans tous ses traits la bonté paternelle.
J'ai cru qu'en rougissant, par ce muet discours,
Sa pauvreté timide imploroit mon secours.
A pas silencieux, sous ce portique sombre,
Troublé, couvrant sa tête, il s'est glissé dans l'ombre.
Il est là.

LE COMTE.

Qu'il paroisse.

SCENE III.

LE COMTE DE KENT, VOLWICK, LÉAR.

VOLWICK.

(à *Léar qu'il introduit.*)

Oui, vous pouvez entrer.
(*Il sort.*)

SCENE IV.

LE COMTE, LÉAR.
LE COMTE.
(à part, en regardant Léar.)

SON œil ne me voit point & paroît s'égarer.
(Il se recule ; &, plein de surprise & de compassion,
il observe Léar dans un silence immobile.)

LÉAR.
(Promenant un regard vague autour de lui.)

Je n'apperçois pas Kent. Il plaindra ma misere ;
Il est né généreux : je le crois. . . . Ciel, un pere !
Des monstres dévorans sont entrés dans mon sein.
Quoi, ma fille ! Mon sang !... couronné par ma main !
Oh, ma raison s'enfuit à cette horrible idée !
Léar, tu n'es plus rien ; ta puissance est cédée ;
Tu te repens trop tard. . . . Sous quels traits odieux
La perfide peignoit l'innocence à mes yeux !
Avec quel art sa voix m'entraînoit vers l'abîme !
J'ai proscrit la vertu pour couronner le crime.
Helmonde, tu m'aimois !.... Je sens deux traits brûlans
S'enfoncer dans mon cœur ; mes remords, mes enfans.

(Avec un regard toujours vague.)

Kent n'est pas dans ces lieux !

LE COMTE.
(Se jetant aux pieds de Léar.)

O mon Prince ! ô mon Maître !

LÉAR.

Je revois mon ami. Peux-tu me reconnoître ?

LE COMTE.

Ah ! puifqu'à moi, Seigneur, vous daignez recourir,
Kent ne vous quitte plus ; Kent eft prêt à mourir.

LÉAR.

Tu déchires mon cœur.

LE COMTE.

               Séchez, féchez vos larmes.

LÉAR.

Tu me l'avois prédit ; j'ai blâmé tes alarmes ;
J'ai ri de tes confeils : mon fort s'eft accompli.
Ce front, par la couronne autrefois ennobli,
Tu le revois honteux, fouillé, couvert d'outrages.
Sans fuite, fans honneurs, privé des avantages
dont tout vieillard obfcur jouit à fon foyer,
Sous l'horreur du mépris il m'a fallu ployer.
Mon âge & mes bienfaits, rien n'a touché ma fille.
Dieux, puniffez un jour l'ingrate Volnérille !
Tandis que fon Palais, brillant, tumultueux,
Retentiffoit du bruit des feftins fomptueux,
Tandis qu'avec éclat, fous des voûtes pompeufes,
S'élevoient des concerts les voix harmonieufes,
Seul, & dans l'ombre affis, confus, humilié,
Je mangeois, en pleurant, le pain de fa pitié :
Encor me falloit-il cacher fouvent mes larmes.
Pour fes barbares yeux ma peine avoit des charmes.
Ce monftre avec plaifir préparoit le poifon ;

Elle irritoit mes maux, pour troubler ma raison ;
Payoit les ris moqueurs d'une insolente troupe.
J'ai bu le défespoir dans cette horrible coupe.
Enfin de son Palais je me suis échappé.
Mais d'un coup plus cruel je fus bientôt frappé.
Dans de vastes forêts, seul sous leur nuit profonde ,
Le remords m'apporta le souvenir d'Helmonde.
J'obfervois tous les lieux, caverne, antre, rocher,
Où quelque Dieu peut-être auroit pu la cacher.
Hélas! je me peignois fes vertus & fes charmes ,
La candeur de fes traits, la douceur de fes larmes,
Son noble défefpoir, lorfque, dans fes adieux,
Ses yeux chargés de pleurs cherchoient toujours mes
    yeux.
Mon pere, difoit-elle, ô mon augufte pere,
Faut-il qu'à votre cœur je devienne étrangere !
Et j'ai pu la maudire ! & j'ai pu la chaffer !
Voilà, voilà le trait dont je me fens percer :
Mes malheur ne font rien. Ciel, arme ta vengeance !
J'ai plongé le poignard au fein de l'innocence :
Mes bienfaits ont toujours cherché mes ennemis,
Et mon fort fut toujours d'accabler mes amis.
O fupplice ! ô douleur ! Cher Kent, je t'en conjure,
Appaife, en m'immolant, les Dieux & la nature.
Preffe-les de m'ôter, par de foudains tranfports,
En troublant ma raison, l'horreur de mes remords.

        LE COMTE.

Hélas, qu'un pareil vœu jamais ne s'acompliffe !

Mais tâchez d'affoupir cet éternel fupplice ;
Peut-être la douleur altérant votre efprit. . . . .

L É A R.

Calme donc dans mon cœur le poifon qui l'aigrit.
J'ai toujours devant moi ma déteftable fille ;
A mes regards trompés tout devient Volnérille.
Je crois alors fentir dans mon flanc déchiré
Le poignard qu'une ingrate y retourne à fon gré.
Souvent ma chere Helmonde, à travers un nuage,
Semble m'offrir de loin fa douce & tendre image.
J'approche ; & fon afpect, dans ma crédule erreur,
Me fait rougir de honte, & frémir de terreur.

LE COMTE.

Ah, ne redoutez pas fa vue ou fa vengeance !

L É A R.

J'ai tout fait pour fa fœur ; tu vois ma récompenfe.
Si Volnérille ainfi reconnut ma bonté,
Qu'attendrai-je d'Helmonde après ma cruauté !
Son ame a dû s'aigrir au fein de la mifere ;
J'aurai dénaturé cet heureux caractere.
O fardeau trop pefant pour mon cœur abattu !
J'ai donc commis le crime, & détruit la vertu !
La honte, la douleur, le remords, tout m'égare.
S'il faut, hélas ! s'il faut que je te le déclare,
Mon ami, mon cher Kent. . . . le dirai-je ? . . . Oui,
　　je crois
Que déjà mon efprit s'eft troublé quelquefois.

LE

LE COMTE.

Non, sa clarté toujours & trop vive & trop pure....

LÉAR.

Ah! c'est-là, mon cher Kent, c'est-là qu'est ma blessure.
Je n'en guérirai pas. Je prévois.....

LE COMTE.

Quel soupçon!

LÉAR.

Le malheur tôt ou tard éteindra ma raison.

LE COMTE.

N'exposez pas du moins un si noble avantage.
Pour être malheureux, êtes-vous sans courage?
Les piéges des méchans vous ont enveloppé;
Mais c'est le sort d'un Roi d'être souvent trompé.
Laissez, laissez aux Dieux, amis de l'innocence,
Le soin de réveiller, de mûrir leur vengeance.
Votre sang vous poursuit dans vos propres Etats:
Depuis quand les enfans ne sont-ils plus ingrats!
Avez-vous dû compter sur un amour frivole
Qui nous flatte un moment, & pour jamais s'envole;
Qui, sur le moindre appas de plaisir & d'honneur?....

LÉAR.

Quoi, tes enfans, cher Kent, ont détruit ton bonheur!

LE COMTE.

Du bonheur! du bonheur! En est-il sur la terre!
Qui ne veut point souffrir doit trembler d'être pere.
Hélas, j'avois deux fils! Ils ont trompé mes vœux:
Je ne sais quel projet les a séduits tous deux;

C

Jusques à leurs vertus, tout me devient contraire.
Encor, dans mes chagrins, s'il me restoit leur mére !
Mon Roi, m'en croirez-vous ? ayons dans la douleur
La fermeté de l'homme & celle du malheur.
Dans les modestes champs, laissés par mes ancêtres,
Fuyons l'indigne aspect des ingrats & des traîtres :
Leur asyle innocent convient aux cœurs blessés :
Leur sol pour deux vieillards sera fertile assez.
Là, rien n'est imposteur. La terre, avec usure,
Par des trésors certains, nous paira sa culture.
Ce bras, nerveux encore, est propre à l'entr'ouvrir ;
Il combattit pour vous, il saura vous nourrir.
Le toît de mes aïeux, leur antique héritage,
Si vous y consentez, voilà notre partage.

LÉAR.

Oui, cher Kent, contre moi je devrois m'indigner,
Si ton offre un moment avoit pu m'étonner :
Mais (je t'ouvre mon cœur) quand je perds Volnérille,
Régane dans ces lieux m'offre encore une fille.
Il est vrai, qu'alarmé par mon premier malheur,
J'ai craint de la trouver trop semblable à sa sœur :
Voilà par quel motif, injurieux peut-être,
Je me suis devant elle abstenu de paroître ;
Mais j'ai senti mon ame, & même ma raison,
Désavouer bientôt ce pénible soupçon.
Régane ne vient point (ami, tu peux m'en croire)
Sous des traits odieux s'offrir à ma mémoire.
Je n'ai point remarqué dans ses plus jeunes ans,

Qu'elle annonçât dès-lors de coupables penchans.
Pourquoi n'en pas goûter le favorable augure!
Tout mon fang n'eft pas fourd au cri de la nature.

LE COMTE.

Seigneur....

LÉAR.

Je le fais trop, Léar eft malheureux;
Mais les deftins toujours ne font pas rigoureux.
De mes filles, hélas! quand l'une me détefte,
Il eft bien jufte, ami, que l'autre au moins me refte.
Que veux-tu, mon cher Kent! Pardonne à mes vieux ans;
Je cherche encor, je cherche à trouver des enfans;
Sur le bord du tombeau leur préfence m'eft chere;
J'aime à me voir en eux; j'ai befoin d'être pere:
Excufe ma foibleffe.

LE COMTE.

Eh bien, Seigneur, du moins,
Pour n'être pas trompés, employons tous nos foins.
Sorti d'un piege affreux, tremblez, dans votre fille,
Tremblez de rencontrer une autre Volnérille.
Je ne fais, mais mon cœur ne fe raffure pas.
Avant d'être éclairci, ne fuivez point mes pas.
S'il vous refte en ces lieux un feul fujet fidele,
Je faurai le trouver, interroger fon zele.
Adieu. Daignez m'attendre; & bientôt je revien,
Si je puis obtenir cet utile entretien.

(*Il fort.*)

SCENE V.

LÉAR *seul.*

Non : le fort à mes vœux ne sera plus rebelle,
Puisqu'il vient de me rendre un ami si fidelle.
Régane, en me gardant des sentimens plus doux,
Les aura fait passer au cœur de son époux.
L'homme est compatissant, il n'est point né barbare :
De monstres, grace au Ciel, la nature est avare.
O Dieux, de quels transports dans ses bras animé,
Je vais goûter enfin le bonheur d'être aimé !
Ma fille, plus ta sœur outragea la nature,
Plus tes soins consolans vont charmer ma blessure.
Va, lorsque dans ton sein je vole avec ardeur,
Je ne viens point chercher le sceptre & la grandeur ;
Ce n'est pas-là le bien pour qui mon cœur soupire ;
Je cherche des enfans, & non pas un Empire.
Dans mes plus grands ennuis, je n'ai point regretté
L'appareil & les droits du rang que j'ai quitté :
Oui, Régane, à mes yeux sa pompe est étrangere ;
J'ai cessé d'être Roi, mais non pas d'être pere.
Ce nom, ce nom lui seul. . . .

SCENE VI.

LÉAR, RÉGANE, LE Duc DE CORNOUAILLES,
LE Duc D'ALBANIE. Gardes du Duc de Cornouailles, Gardes du Duc d'Albanie.

RÉGANE.

(à Léar.)

VOUS, Seigneur, en ces lieux !
Auriez-vous craint d'abord de paroître à nos yeux ?
Pourquoi courir chez Kent ? On vient de m'en inſtruire,
Et ſoudain dans vos bras. . . .

LÉAR.

M'y voilà, je reſpire.
Ma fille, ah ! laiſſe-moi, dans nos embraſſemens,
Goûter les doux tranſports de ces heureux momens.
Combien j'ai deſiré de jouir de ta vue !

LE DUC DE CORNOUAILLES.

Je partage, Seigneur, cette joie imprévue.
Couronné par vos mains, chargé de vos bienfaits,
Leur mémoire en mon cœur ne s'éteindra jamais :
Que mon ſang s'y tariſſe, avant qu'il les oublie !

LÉAR, au Duc d'Albanie.

Vous Duc, ſoyez content ; votre attente eſt remplie.
Vous ne reverrez plus, à votre heureux retour,
Un vieillard importun fatiguer votre Cour.

C iij

Votre docile épouse, à vos ordres fidelle,
Vient de vous affranchir de ma plainte éternelle ;
Ils ont été suivis ; & jamais un époux
Ne fut, quoique de loin, mieux obéi que vous.

LE DUC D'ALBANIE.

Quelle horreur ! Ainsi donc mon épouse cruelle
Me peignoit comme un monstre aussi barbare qu'elle !
Je passois pour ingrat ! Seigneur, c'est dans ma Cour
Que je veux hautement vous marquer mon amour,
Et, tombant à vos pieds jusques en sa présence,
Confondre ses mépris par mon obéissance.
Oubliez le passé, revenez près de nous.
Je demande sa grace, & l'implore à genoux.

LÉAR.

Que votre noble cœur conçoit mal mon injure !
Duc, je croirois moi-même outrager la nature,
Si je pouvois jamais sous un nouvel affront
Dans son Palais indigne aller courber mon front.
Où croyéz-vous des Dieux que la majesté sainte,
Pour se rendre visible, ait gravé son empreinte,
Si les traits paternels n'offrent pas à la fois
Leur sagesse, leurs soins, leur puissance, leurs droits,
Leur bonté, dont j'ai fait un si funeste usage ?
Quoi, joindre la noirceur, l'artifice à la rage !

(à Régane, croyant voir Volnérille, avec un air
d'égarement commencé.)

Ainsi, faisant parler les ordres d'un époux,
Tu m'accablois, barbare, en dérobant tes coups !

REGANE.

Seigneur, vous vous trompez ; jugez mieux votre fille :
Je suis, je suis Régane, & non pas Volnérille.

LE DUC D'ALBANIE.

(*bas à Régane.*)

Sa raison s'est troublée ; il se méprend.

RÉGANE.

Hélas !

Ces mains ne vous ont point chassé de mes Etats.

LÉAR.

Qu'ai-je entendu ! Chasser ! A-t-on vu sur la terre,
Des enfans, même ingrats, oser chasser leur pere !
Chasser ! Ce crime affreux, avec ton air soumis,
Tes outrages cachés sans éclat l'ont commis.
Eh ! dis-moi, tes Etats, d'où les tiens-tu, perfide ?
J'en ai comblé trop tôt ton espérance avide.
Réponds : quels sont tes droits ? Quel mérite avois-tu ?
Celui de me tromper par ta fausse vertu,
De noircir dans ta sœur la timide innocence,
Contre elle, par degrés, d'attiser ma vengeance.
Que sont donc devenus ces fastueux sermens
Qui m'avoient tant promis les plus doux sentimens,
Des respects si profonds, une amitié si tendre ?
Tu m'as puni bientôt d'avoir pu les entendre :
Mes chagrins m'ont appris qu'un pere infortuné
N'est qu'un fardeau pesant quand il a tout donné.
Les larmes d'un vieillard, souffert par indulgence,
Peuvent mouiller la terre, & s'y perdre en silence.

Tu ne t'attendois pas que, pour te démentir,

(*en montrant le Duc d'Albanie.*)

La vérité si tôt de son cœur dût sortir.

Oui, Duc, de ma pitié je ne puis me défendre :

Qu'avois-tu fait aux Dieux, pour devenir mon gendre ?

Hélas ! en t'unissant à ce tigre inhumain,

J'ai placé dans ton lit un poignard sur ton sein.

Ai-je pu mettre au jour cette exécrable fille !

RÉGANE.

Ainsi votre œil trompé voit toujours Volnérille !

Vos maux dans cette erreur viennent de vous plonger.

LÉAR.

(*revenant à lui.*)

Ah, pardonne ! A ce point j'aurois pu t'outrager !

Je t'aurois confondue avec cette furie !

Tu le vois, ma raison déjà s'est affoiblie.

(*mettant la main sur son cœur.*)

Si je la perds bientôt, c'est de-là, je le sens,

Que l'orage naîtra pour troubler tous mes sens.

SCENE VII.

LÉAR, RÉGANE, LE DUC DE CORNOUAILLES, LE DUC D'ALBANIE, Gardes du Duc de Cornouailles, Gardes du Duc d'Albanie, LE COMTE DE KENT.

LE COMTE.

(à part.)   (à Léar.)

VOLWICK m'a tout appris. Non, tu n'as plus de fille.
Ce Palais est pour toi tout plein de Volnérille.
  (montrant le Duc de Cornouailles.)
Régane est digne en tout de ce monstre odieux.
Tu cherchois la vertu ; le crime est en ces lieux.

LE DUC DE CORNOUAILLES.

(en montrant le Comte de Kent.)
Qu'on le charge de fers.

LE DUC D'ALBANIE.

(au Duc de Cornouailles.)
     Pourquoi lui faire outrage ?
Vous devez honorer son zele & son courage.
Je défendrai Léar.

LÉAR.

     Non, non, je ne veux pas
D'une guerre intestine embrâser vos Etats.

(*au Duc d'Albanie.*)   (*à Régane & au Duc de*
                                    Cornouailles.)

Mon ami, je te plains. Et vous enfans perfides,
Uniſſez dans mes mains vos deux mains parricides.

     (*Il ſaiſit leurs mains & les joint l'une dans l'autre.*)

Non, je ne cherche plus à me venger de vous.

(*au Duc de Cornouailles, en*   (*à Régane, en lui montrant*
   lui montrant Régane.   *le Duc de Cornouailles.*

Duc, voilà ton épouſe. Et voilà ton époux.

RÉGANE.

Qu'entends-je !

LÉAR.

     O toi, nature, écoute ma priere !
Redoutable nature, entends la voix d'un pere !
A ce couple inhumain ſi jamais ta bonté
Réſervoit les préſens de la fécondité,
Si leur hymen devoit, fidele à tes promeſſes,
D'un enfant à ce monſtre accorder les carreſſes,
Trompe, trompe ſes vœux, & ſuſpends ton deſſein ;
Seches-en l'eſpérance & le fruit dans ſon ſein :
Ou plutôt, pour former des ingrats dignes d'elle,
Exauce en ta fureur les vœux de la cruelle !
Que ton inſtinct vengeur lui faſſe idolâtrer
Un fils qui s'étudie à la déſeſpérer,
Qui tourne en ris mocqueurs les ſoins de ſa tendreſſe ;
Qui hâte ſur ſon front les traits de la vieilleſſe,
Qui la traîne au tombeau par de longues douleurs ;
Et qu'alors elle apprenne, en dévorant ſes pleurs,

Qu'un ferpent irrité, dans fa morfure horrible,
Lance un dard moins aigu, moins brûlant, moins
    fenfible
Que le fupplice affreux d'avoir pu mettre au jour
Des enfans fcélérats qui trompent notre amour !
    (au Comte.)
C'en eft fait, mon ami, j'ai ceffé d'être pere.

RÉGANE.

Seigneur !....

LÉAR.

    Sortez.

LE DUC D'ALBANIE.

    Seigneur !....

LÉAR.

    Sortez.

LE DUC D'ALBANIE.

    Quelle colere !

LE DUC DE CORNOUAILLES.

Duc, nous appaiferons ce tranfport furieux.

LÉAR.

Ingrats, je vous maudits, & voilà mes adieux.
    (Ils fortent tous, excepté Léar & le Comte.)

SCENE VIII.

LÉAR, LE COMTE DE KENT.

LÉAR.

SOUTIENS-MOI, mon ami, je fens que je fuccombe.

LE COMTE.

Ah, ce dernier malheur va vous ouvrir la tombe !

LÉAR.

Et tu me plains !

LE COMTE.

Hélas !

LÉAR.

Cache-moi ces douleurs.

L'œil de l'homme, cher Kent, n'eft pas fait pour les pleurs.

Moi, m'entends-tu gémir !

SCENE IX.

LÉAR, LE COMTE DE KENT, VOLWICK.

LE COMTE.

(à *Volwick.*)

Que viens-tu nous apprendre?

VOLWICK.

Ah! mes larmes, Seigneur, se font assez entendre!
Enfin leur barbarie a comblé leurs forfaits :
Il vous faut dans l'instant sortir de ce Palais.

LE COMTE.

Quoi, dans l'instant! La nuit!

VOLWICK.

Le plus terrible orage
Qui jamais dans les airs ait déployé sa rage,
Répand sur la nature & l'horreur & l'effroi.

LE COMTE.

La nuit!

VOLWICK.

(à voix basse.)

Partez, Seigneur, partez; sauvez le Roi.

LE COMTE.

Ami, je te comprends.

VOLWICK.

Fuyez; le fer s'apprête.

LÉAR.

(avec joie & d'un air égaré.)

Je sens qu'avec plaisir je verrai la tempête.

(on voit un éclair.)

L'éclair brille : marchons.

(au Comte.)

Tu ne me quittes pas ?

LE COMTE.

Jufqu'au dernier foupir j'accompagne vos pas.

(Volwick fort d'un côté ; Léar & le Comte de Kent fortent de l'autre.)

Fin du fecond Acte.

ACTE III.

(Le Théâtre repréfente une forêt hériffée de rochers; dans le fond, une caverne, auprès de laquelle eft un vieux chêne. Il eft nuit. Le temps eft difpofé à un orage épouvantable.)

SCENE PREMIERE.

EDGARD, LÉNOX, UN PRINCIPAL CONJURÉ, UNE PARTIE DES CONJURÉS OU SOLDATS D'EDGARD.

EDGARD,
(aux Conjurés.)   *(montrant Lénox.)*

AMIS, oui, ce guerrier, c'eft Lénox, c'eft mon
    frere;
Il afpire au bonheur de venger l'Angleterre.
Le fang l'unit à moi, l'honneur l'unit à vous,
Et fon bras s'applaudit de combattre avec nous.
Je vous l'avois prédit : Ofwald vient de paroître;
Il n'a qu'un feul moment entretenu fon Maitre :
Le Tyran l'a foudain chargé d'ordres fecrets;
Et c'eft vous dire affez qu'il dicta des forfaits.
Mais n'admirez-vous point comment, parmi ces
    roches,
Ces forêts, ces torrens, nous cachant fes approches,
Cornouailles lui-même eft venu nous chercher?

Amis, le péril preſſe ; il eſt temps d'y marcher;
Ah ! qui n'avoueroit pas notre juſte furie ?
Nous perdons un Tyran, nous ſauvons la Patrie ;
Nous replaçons au Trône un Prince infortuné,
Qu'à des pleurs dès long-temps ſa fille a condamné.

LE PRINCIPAL CONJURÉ.

Quel deſtin pour un Roi ! Quel tourment pour un pere

EDGARD.

Ce n'eſt point ce tourment qui ſeul le déſeſpere.

LE PRINCIPAL CONJURE.

Helmonde eſt trop vengée.

EDGARD.

　　　　　　　Hélas, ſur ſes malheurs
Helmonde eſt la premiere à répandre des pleurs !
Mais il eſt temps, amis, d'éclaircir ce myſtere.
C'eſt moi qui dans ces bois, reſpectant ſa miſere,
L'ai confiée aux ſoins d'un vieillard ignoré
Qui cherche en vain le nom d'un objet ſi ſacré.
Je n'ai point juſqu'ici voulu vous parler d'elle.
L'amour ſeul du pays enflamma votre zele:
Mais ſes pleurs, je l'avoue, avoient mis dans mon ſein
Et le germe & l'ardeur de mon noble deſſein.
Enfin c'eſt elle ici dont le vœu nous raſſemble :
Il n'a point fallu d'art pour nous unir enſemble :
Nous nous cherchions l'un l'autre ; & ce concert ſi grand
Eſt un préſage heureux de la mort d'un Tyran.
Ces forêts, cette nuit, ce ciel, tout nous ſeconde.
Nous combattrons. Pour qui ? Pour Léar, pour Hel-
monde.

　　　　　　　　　　　　　　Qui

Qui de nous ne croira, dans un fi beau danger ;
N'avoir pas ou fon pere ou fa fœur à venger ?
Grands Dieux ! en ce moment Léar verfe des larmes.
Défendez votre caufe, en protégeant nos armes !
Nos jeunes cœurs font purs ; nos bras vous font foumis :
Daignez les employer contre vos ennemis !
C'eft vous, c'eft un vieillard, la beauté, qu'on opprime.
Le fer eft préparé ; livrez-nous la victime :
Et, s'il nous faut mourir ; que nos peres jaloux
Gravent fur nos tombeaux : Ils font dignes de nous.

LE PRINCIPAL CONJURÉ.

Entre fes mains, amis, jurons d'être fidele.

EDGARD.

Sufpendez ces fermiens & ees marques de zele.
Une autre a feule ici droit de les recevoir :
Cette autre, c'eft Helmonde, & vous allez la voir.
Je m'en vais à l'inftant vous la chercher moi-même.

(*Il court au fond de la caverne.*)

SCENE II.

LÉNOX, UN PRINCIPAL CONJURÉ,
UNE PARTIE DES CONJURÉS OU SOLDATS
D'EDGARD.

LÉNOX.

(*en voyant Helmonde qui s'avance.*)

O PRODIGE! ô vertu digne du diadême!
Oui, la terre & les Cieux font déclarés pour nous.

SCENE III.

LÉNOX, UN PRINCIPAL CONJURÉ, UNE PARTIE
DES CONJURÉS OU SOLDATS D'EDGARD,
HELMONDE.

EDGARD.

(*amenant & montrant Helmonde.*)

AMIS, voilà l'objet qui nous raffemble tous.
Dans cet antre écarté, cachant fon fort funefte
Elle a pleuré Léar : le Ciel a fait le refte.

HELMONDE.

Mortels compatiffans, daignent les juftes Dieux
Sur vos nobles projets fixer toujours les yeux !
Ils lifent dans mon ame abattue & flétrie,
Ils favent fi jamais les malheurs l'ont aigrie.

Mais pouvois-je oublier mon pere dans les pleurs !
Des ingrats tout-puiſſans ſont bientôt oppreſſeurs.
Le Ciel vous fit Anglois : vous avez pris les armes.
Je n'ai pour vous aider que des vœux & des larmes.
Faites régner mon pere ; hélas, qu'au lieu d'affront,
Le bandeau de vos Rois brille encor ſur ſon front !
Qu'à ſes regards ſur-tout je ne ſois plus coupable !
Cependant, ſi le Ciel plus doux, plus favorable,
Ne vous eût pas courbés ſous un ſceptre odieux,
Sans meurtres, ſans combats, combien j'euſſe aimé
    mieux,
Dans ces forêts cachée, heureuſe en ma miſere,
   (*en montrant la caverne.*)
Offrir cet humble aſyle à mon vertueux pere,
Conſoler ſa vieilleſſe, &, par de tendres pleurs,
Lui faire, entre mes bras, oublier ſes malheurs !

EDGARD.

Reconnoiſſez Helmonde à ce noble langage.
Mais, Madame, il eſt temps d'accepter notre hommage.
   (*en mettant la main ſur la garde de ſon épée.*)
Par ce fer, le premier, je jure à vos genoux.....
   (*Les éclairs brillent & le tonnerre gronde.*)

LE PRINCIPAL CONJURÉ.

Ciel, quel bruit ! quels éclairs ! Grands Dieux, qu'an-
noncez-vous ?

LÉNOX.

Eſt-ce un préſage heureux ? Que faut-il que je penſe ?

LE ROI LÉAR,

EDGARD.

C'eſt le Ciel qui s'apprête à venger l'innocence.
Jurez tous par Léar de le proclamer Roi,
De mourir pour Helmonde, ou de vaincre avec moi.

(Il tire ſon épée.)

LE PRINCIPAL CONJURÉ.

(tirant auſſi ſon épée : tous les autres l'imitent.)
Nous le jurons.

EDGARD.

      Amis , la nuit ſera terrible :
Ce Ciel ſombre & vengeur, armé d'un feu viſible ,
Va d'un affreux tonnerre effrayer les humains.
Un autre auſſi rapide eſt caché dans nos mains :
C'eſt ce fer , & marchons ; mais, dans notre furie ,
N'étendons point nos coups ſur le Duc d'Albanie ;
Reſpectons ſes vertus.

(aux Conjurés , en montrant Lénox.)

      Amis, ſuivez ſes pas :
Le poſte eſt important. Je ne tarderai pas
A rejoindre avec vous tout mon camp qui s'aſſemble ;
Et nous irons après vaincre ou mourir enſemble.

(Lénox ſort avec tous les Conjurés.)

SCENE IV.
EDGARD, HELMONDE.
HELMONDE.

Vous me quittez, Edgard !

EDGARD.

Puis-je trop tôt courir
Dans le champ glorieux que l'honneur va m'ouvrir !

HELMONDE.

Le péril fera grand.

EDGARD.

Il m'en plaît davantage.

HELMONDE.

Que de fang, jufte Ciel, va rougir ce rivage !
Tous vos braves amis.....

EDGARD.

Leur fort fera trop doux
De fonger en mourant qu'ils combattoient pour vous.
Bientôt Léar vengé par leur valeur guerriere....
Dieux ! vous verfez des pleurs !

HELMONDE.

Mon trop malheureux pere,
Jufque dans ces forêts le bruit en a couru,
D'auprès de Volnérille, hélas ! a difparu.

EDGARD.

(à part.)   (à Helmonde.)
O Ciel ! N'en croyez pas ce qu'un vain bruit peut dire.

D iij

HELMONDE

Eh ! qui sait maintenant en quels lieux il respire ,
S'il est vivant encor , si Régane à son tour
Ne l'a pas, sans pitié, chassé loin de sa cour ?

(Grand bruit de tonnerre
avec des éclairs.)

Si c'étoit-là son sort, hélas !... Tonnerre, arrête !
De Léar fugitif ne frappes point la tête !
N'oubliez pas, grands Dieux ! que ce Prince autrefois,
Tandis qu'il a régné, fit respecter vos loix.
Sur un foible vieillard défendez aux orages,
Défendez aux hivers d'imprimer leurs outrages !
Assoupissez des vents l'épouvantable voix !
Je ne demande plus qu'il monte au rang des Rois :
Qu'il vive, c'est assez ! Vers sa fidelle Helmonde
Tournez, dans ces déserts, sa course vagabonde :
Pour lui faire oublier deux enfans trop ingrats,
Que je puisse un moment le serrer dans mes bras !
Je mourrai de plaisir, si je revois mon pere.

EDGARD.
(Un grand coup de tonnerre avec des éclairs.)
Ah ! le Ciel aux humains a déclaré la guerre :
La terre est consternée & muette d'effroi.

HELMONDE.
Du moins, mon cher Edgard, vous êtes près de moi ;
Ah ! ne me quittez pas.

EDGARD.
Dans cette humble retraite,

Madame, un fouterrain, fous fa voûte muette,
Pendant cette tempête, eft propre à vous cacher :
La foudre & fes éclats n'en fauroient approcher ;
Votre œil d'un ciel brûlant n'y verra plus la flamme.

HELMONDE.

Ah ! je frémis, Edgard.

EDGARD.

Venez, rentrons, Madame.
Que le tonnerre ébranle & la terre & les cieux :
Votre cœur eft trop pur pour rien craindre des Dieux.
(ils fe retirent dans la profondeur du fouterrain.)

SCENE V.

LÉAR, *feul.*

(*On le voit de très-loin, à la lueur des éclairs, à travers les arbres de la forêt, feul, égaré, & promenant fa vue avec douleur & inquiétude.*)

JE n'apperçois plus Kent. L'ombre épaiffe & l'orage
Ont égaré mes pas dans ce défert fauvage.
Mon œil épouvanté le cherche. . . . & je ne voi
Que ce ciel menaçant prêt à fondre fur moi.

(*Le tonnerre éclate, les éclairs embrâfent l'horizon, les vents fifflent, la grêle tombe fur la tête chauve & nue du Roi Léar.*)

Redoublez vos efforts, cieux, tonnerre, tempête,

Verſez tous vos torrens, tous vos feux ſur ma tête !
Je n'en murmure pas, je la livre à vos coups ;
Léar n'a point le droit de ſe plaindre de vous.
Exercez donc ſur moi toute votre furie ;
Frappez ce corps mourant, cette tête flétrie,
Ce front mal défendu par quelques cheveux blancs
Qu'au gré de leurs combats ſe diſputent les vents :
N'y voyez plus la place où fut mon diadême.
Sans pouvoir de mon ſort accuſer que moi-même,
Me voici ſous vos coups humblement incliné,
Dans ces vaſtes forêts ſans guide abandonné,
Privé du tendre ami qui ſuivoit ma miſere,
Glacé par vos frimats, reſté ſeul ſur la terre,
Pauvre & foible vieillard, chaſſé de ſa maiſon,
Dont des enfans ingrats ont troublé la raiſon.

SCENE VI.

LÉAR, LE COMTE DE KENT.

LE COMTE.

(ſortant d'entre les arbres.)

O MON Prince !

LÉAR.

Cher Comte !

LE COMTE.

Enfin je vous retrouve,

LÉAR.

Nous voilà réunis.

LE COMTE.

(à part.)

Quel deſtin il éprouve !

(haut.)

Ma voix vous appeloit quand vos ſens étonnés. . . .

LÉAR.

Quelle nuit, mon cher Kent, pour les infortunés !

(en regardant la tempête.)

Quand le Ciel eſt en feu, ſous vos chaſtes aſyles,
Dormez, cœurs innocens, ſoyez du moins tranquilles ;
Mais vous ſur-tout, tremblez au fond de vos Palais,
Ingrats, à qui ces Dieux ne pardonnent jamais !
Parlez : entendez-vous ces accens redoutables,
Ces meſſagers de mort, tonnant ſur les coupables ?
Pour moi, j'ai la douceur, dans cet affreux danger,
Que le crime à mon cœur eſt du moins étranger.
On m'a fait plus de mal que je n'en ai pu faire.

LE COMTE.

Tâchons de découvrir quelque abri ſolitaire.
Ah ! tous vos ſens glacés. . . .

LÉAR.

Cher ami, tu le vois,
La nature en fureur n'épargne point les Rois.

LE COMTE.

Vous n'en faites que trop la dure expérience.

LÉAR.

J'apprends, par ma douleur, à plaindre l'indigence.

Hélas! à leur grandeur les Rois trop attachés
Du fort des malheureux font foiblement touchés.
Peut-être en ce moment quelque vieillard expire.
Combien d'infortunés, foumis à notre empire,
Réclament loin de nous la nature & nos foins!
J'ai peut-être moi-même oublié leurs befoins.

LE COMTE.

Non, vos peuples jamais n'ont fenti la mifere.

LÉAR.

Crois-tu qu'encor pour eux ma mémoire foit chere?

LE COMTE.

Ils ne font point ingrats.

LÉAR.

Mes enfans l'ont été.

LE COMTE.

Jamais leur nom par moi ne fera répété.

(*La lueur des éclairs fait appercevoir
la caverne au Comte de Kent.*

C'eft trop tarder : marchons.... D'une voûte ignorée
Ces éclairs dans l'inftant me découvrent l'entrée.
Ne la voyez-vous point?

LÉAR.

Je ne l'apperçois pas.

LE COMTE.

Par pitié pour nous deux, venez, fuivez mes pas.

LÉAR.

Tu le veux?

LE COMTE.

Avançons.

LÉAR.
(*s'arrêtant tout-à-coup.*)

Cher Comte, arrête, arrête !

LE COMTE.

Vos yeux ont aſſez vu cette horrible tempête :
Quel funeſte plaiſir pouvez-vous y trouver ?

LÉAR.

Une autre dans mon ſein va bientôt s'élever.

LE COMTE.

Seigneur, au nom des Dieux, mon Souverain, mon maître,
Le Ciel de nos malheurs aura pitié peut-être :
Ne me réſiſtez plus, hélas ! dans ces forêts
Les monſtres ſont cachés ſous leurs antres ſecrets :
Vous ſeul, de tant d'Etats votre antique héritage,
N'aurez-vous pas du moins un aſyle en partage !
Entrons, Seigneur, entrons ſous cet obſcur ſéjour.
Je vous tiens lieu de tout, d'amis, d'enfans, de Cour ;
C'eſt le ſort de mon ſang de vous être fidele :
Faut-il que par des pleurs, je vous prouve mon zele ;
Faut-il que, me jettant à vos ſacrés genoux ?....

LÉAR.

Ah ! tu briſes mon cœur.

S C E N E   V I I.

LÉAR, LE COMTE DE KENT, NORCLETE.

N O R C L E T E.

Qui s'approche ?

·L E   C O M T E.

C'eft nous :
Errans dans ces forêts, nous cherchons un afyle.

N O R C L E T E.

Cet humble fouterrain vous offre un toît tranquille.
Pourfuivroit-on vos jours ?

L É A R.

Quoi, tu ne le fais pas !
On ne voit plus par-tout que des enfans ingrats.

N O R C L E T E.

Ils n'ont que trop fouvent défolé les familles.

L E A R.

(avec un égarement doux & paifible.)
Aurois-tu donc auffi donné tout à tes filles ?

N O R C L E T E.

A ma vieilleffe au moins cet abri fut laiffé.

L É A R.

Tes enfans, mon ami, ne t'ont donc pas chaffé ?

N O R C L E T E.

La mort depuis long-temps en a privé Norclete.

LÉAR.

Que je te trouve heureux d'avoir une retraite!

NORCLETE.

(*avec une compassion tendre.*)

Son fort me fait pitié.

LÉAR.

Sais-tu pourquoi les airs

Sont émus par les vents, rougis par les éclairs,

Pourquoi des monts au loin tu vois fumer la cime?

NORCLETE.

Non.

LÉAR.

(*avec un air de confidence & de mystere.*)

Viens, approche-toi. J'ai commis un grand crime...

Tu recules, ami! Je n'en murmure pas.

NORCLETE.

Ciel! qu'avez-vous donc fait?

LÉAR.

(*avec un attendrissement douloureux.*)

J'eus une fille, hélas!...

(*prenant tout-à-coup un visage riant, & comme se*

souvenant de très-loin & avec effort.)

Oh oui, je m'en souviens! Elle étoit jeune & belle.

LE COMTE.

(*montrant Léar qui tombe tout-à-coup dans une espece*

d'insensibilité & d'anéantissement.)

Il ne nous entend plus.

NORCLETE.
(*au Comte.*)
Ah! dites, que fait-elle?

LE COMTE.
Hélas! nous l'ignorons.

NORCLETE.
Avoit-elle un époux?

LE COMTE.
Pourquoi, vieillard, pourquoi me le demandez-vous?

NORCLETE.
C'eſt qu'ici, dans le fond de ma caverne obſcure,
Reſpire auprès de moi la vertu la plus pure.

LE COMTE.
Qui? Parle.

NORCLETE.
Une beauté qui, douce & ſans témoins,
Prodigue à mes vieux ans ſa tendreſſe & ſes ſoins.

LE COMTE
Sa naiſſance?

NORCLETE.
A ſes mœurs, à ſon voile champêtre,
Je crois que dans ces bois le deſtin l'a fait naître.

LE COMTE.
As-tu lu dans ſon cœur ſes ſecrets ſentimens?

NORCLETE.
Son cœur avec effort renferme ſes tourmens.
Elle dit quelquefois : ô mon pere, ô mon pere!

LE COMTE.

(en regardant Léar.)

Acheve, acheve, ô Ciel! & finis fa mifere.

(à Norclete.)

Qui l'a mife en tes mains?

NORCLETE.

Un jeune homme.

LE COMTE.

Son nom?

NORCLETE.

Edgard.

LE COMTE.

Mon fils! qu'il vienne.

(Norclete va promptement les chercher.)

(à Léar.)

Ah! reprends ta raifon.

Réveille-toi, Léar. Dieux! veillez fur mon maître.
Qu'il réfifte à fa joie!

SGENE VIII.

LÉAR , LE COMTE DE KENT , NORCLETE ;
HELMONDE, EDGARD.

LE COMTE, *continuant.*

(*appercevant Helmonde & Edgard.*)

AH! je les vois paroître.

HELMONDE.

O furprife ! ô bonheur !

LE COMTE.

Mon fils !

EDGARD.

Mon pere !

LE COMTE.

Edgard,

Va, tu peux hardiment t'offrir à mon regard.

(*montrant Helmonde.*)

Tes foins devoient fauver une tête fi chere :

(*montrant Léar.*)

Le Ciel a tout conduit. Vois ton Prince.

HELMONDE.

O mon pere !

LE COMTE.

Mon Roi, c'eft votre Helmonde. Ah! revenez à vous.
Sentez, fentez fes mains qui preffent vos genoux.

LÉAR.

LÉAR. *égaré.*

De qui me parles-tu ?

LE COMTE.

D'un objet plein de charmes,

Qui vous plaint, vous chérit, vous baigne de ses larmes,
De votre fille.

LÉAR.

(*repouſſant Helmonde avec horreur.*)

O Ciel !

HELMONDE.

Il ne me connoît plus.

LÉAR. *à part.*

On nous a découverts, nous ſommes tous perdus.

(*à Helmonde.*)

Sais-tu mon nom ?

HELMONDE.

Léar.

LÉAR.

Que m'es-tu ?

HELMONDE.

Votre fille.

LÉAR.

(*toujours égaré.*)   (*croyant la voir.*)

Qu'on la charge de fers. Avancez, Volnérille.

(*croyant voir Régane.*)

Vous, Régane, approchez.

(*s'adreſſant à Volnérille & à Régane
qu'il croit voir.*)

Me reconnoiſſez-vous ?

E

Qui vous donna le jour, votre sceptre, un époux ?

(*à Helmonde, croyant voir Volnérille.*)

Et toi, qui contre Helmonde excitas ma vengeance,
Devant moi, sans pitié tu traînas l'innocence :

(*Il va pour la saisir.*)

Il est temps. . . .

HELMONDE

Arrêtez !

LÉAR.

Plus de pardon.

HELMONDE.

O Cieux !

LÉAR. (*en la saisissant.*)

Je te traîne à ton tour au tribunal des Dieux :
Les voilà tous assis pour juger des perfides.

LE COMTE.

Oubliez, s'il se peut, des enfans parricides.

LÉAR.

Qui, moi, les oublier ! Dieux, jugez entre nous !
Les accusés tremblans sont ici devant vous.
J'atteste avec serment, par ces mains paternelles,
Que toujours dans mon cœur je portai les cruelles.
Vous auriez dû donner à ces monstres affreux
Quelque enfant meurtrier qui m'auroit vengé d'eux.
Eclatez, il est temps ; c'est moi qui vous implore :
Ne craignez pas pour eux que le sang parle encore ;
Pour lancer votre arrêt, pour diriger vos coups,
Sur vos trônes sacrés je m'assieds avec vous.

LE COMTE.

Leur pitié quelquefois les porte à la clémence.

LÉAR.

Ah ! je n'étois pas né pour aimer la vengeance.

HELMONDE. (*au Comte.*)

Si j'osois lui parler ?

LE COMTE.

Ah ! son cœur surchargé

A besoin, par des pleurs, d'être enfin soulagé.
Ne troublez point leur cours.

LÉAR.

(*Il s'assied sur un débris de rocher.*)

Régane, Volnérille ;

Avez-vous oublié que vous étiez ma fille ?
Vous en coûtoit-il trop de vous laisser toucher
Par mes tendres bienfaits qui venoient vous chercher ?
N'avez-vous pas senti l'inévitable empire
Qu'exerce la bonté sur tout ce qui respire ?
Le tigre, jeune encor, dans son antre cruel,
Ne porte point la dent sur le sein maternel :
Et vous m'avez chassé, la nuit, moi, votre père
Qui n'a gardé pour lui que l'exil, la misère !
Si j'eus un trône, hélas ! ce fut pour vous l'offrir.
Quel crime ai-je commis, que de trop vous chérir !

LE COMTE.

Vous pleurez !

LÉAR.

Oui, je pleure. Ah ! je sens ma blessure.

Dans ces triſtes forêts errer à l'aventure,
Sans ſecours, ſans aſyle ! ô pere infortuné !
Dieux ! ôtez-moi le cœur que vous m'avez donné.

    (*changeant de figure & de voix.*)

Je ne pleurerai plus.

HELMONDE.

            Il change de viſage.

LÉ COMTE.

Il l'avoit preſſenti ce trouble & cet orage.
Madame, ſon tourment n'eſt pas prêt à finir.

HELMONDE.

Près de lui, mes amis, il faut nous réunir.

LÉAR.

    (*à Norclete.*)   (*au Comte & à Edgard.*)

Vieillard, approche-toi. Vous, de vos mains preſſantes
Etouffez, s'il ſe peut, leurs fureurs renaiſſantes.

HELMONDE.

Comme ſon cœur frémit !

LE COMTE.

          De quel trouble il eſt plein !

LÉAR.

Arrachez, mes amis, ces ſerpens de mon ſein !
Ah Dieux ! Ah ! je me meurs !

HELMONDE.

          Quel tourment il endure !

LÉAR.

Je ſens leur dent cruelle élargir ma bleſſure :
Ils s'y plongent en foule ; ils en ſortent ſanglans.

H E L M O N D E.

Ces monstres si cruels, ah! ce sont ses enfans!

L É A R.

Les ingrats! Les ingrats!

H E L M O N D E.

Mes amis, il succombe.....
Dieux! daignez nous unir. Dieux! ouvrez-moi la tombe.

L É A R.

Qu'entends-je!

H E L M O N D E.

Ma douleur.

L É A R.

Ah! que ses traits sont doux!
Mon cœur est moins souffrant, moins triste auprès de
vous.
Elle étoit de votre âge.

H E L M O N D E.

Eh, si le Ciel propice
La rendant à vos vœux.....

L É A R.

Oh!. voilà mon supplice.
Je n'oserai jamais.....

H E L M O N D E.

Pourriez-vous bien, hélas!
Prête à vous embrasser, l'écarter de vos bras?

L É A R.

Que dites-vous, ô Ciel! Je verrois ma victime!....

H E L M O N D E.

Ne l'aimeriez-vous plus?

LÉAR.

Après, après mon crime,
De ce fer à l'inftant je m'immole à fes yeux.

HELMONDE.

(*aux genoux de Léar.*)
Mais fi, par fes refpects, fes foins religieux,
Son amour ?....

LÉAR.

Ecoutez : vous voyez ma mifere ;
Peut-être n'ai-je plus ma raifon toute entiere.
Je doute, je ne fais fi je dois écouter
Un doux preffentiment qui cherche à me flatter :
C'eft dans la fombre nuit un éclair qui me brille.
Un tendre inftinct me dit que vous êtes ma fille ;
Mais peut-être qu'auffi, pour calmer ma douleur,
Votre noble pitié cherche à tromper mon cœur.....
Es-tu mon fang ?

HELMONDE.

Mon pere !

LÉAR.

O moment plein de charmes !

HELMONDE.

Helmonde eft dans vos bras, voyez couler fes larmes.

LÉAR.

(*tirant fon épée & voulant s'en percer.*)
Eh bien, puifque tu l'es, voilà mon châtiment !

H E L M O N D E.

Que faites-vous, grands Dieux !

L É A R.

Je te venge.

H E L M O N D E.

Un moment !

Je vous trompois, Seigneur ; vous n'êtes point mon pere.

L É A R.

Ose-tu prendre un nom que la vertu révere !
Va, ne m'abuse plus ; va, fuis loin de mes yeux.
Helmonde, hélas ! n'est plus.... & moi, je vois les Cieux,
Ces Cieux de qui les traits n'ont point frappé ma tête !
Arbres, renversez-vous ! écrasez-moi, tempête !
Est-ce bien toi, cruel, dont l'injuste courroux
Proscrivit la vertu tremblante à tes genoux !

(les bras étendus vers le ciel.)

Ma fille, entends mes cris ! Vois le coupable en larmes !
Ma douleur, à tes yeux, peut-elle avoir des charmes ?
Va, tes sœurs m'ont puni. Connois encor ma voix ;
Je t'appelle, en mourant, pour la derniere fois.
Pardonne à ce Vieillard que le remords déchire.

(Il tombe sans mouvement sur un débris de rocher.)

C'est son cœur qui te venge, & c'est-là qu'il expire.

H E L M O N D E.

(se jetant sur le corps de son pere.)

Ah Dieux !

E D G A R D.

(courant vers Helmonde.)

Helmonde !

E ij

LE COMTE.

(relevant Léar avec le secours de Norclete.)

Hélas! ô mon Prince! ô mon Roi!

HELMONDE.

Prenez soin de mon pere, Edgard, & laissez-moi,

(au Comte, à Norclete & à Edgard, en se joignant
à eux.)

Amis, que je vous aide! O mon auguste pere!
Que ne vois-je finir ma vie ou ta misere!
O Ciel! dans son esprit ramène enfin la paix,
Et daigne à ses douleurs égaler tes bienfaits!

(Ils transportent Léar immobile dans la partie la
plus profonde de la caverne, & on cesse de les voir.

Fin du troisieme Acte.

ACTE IV.

(Le Théâtre eſt le même qu'au troiſieme Aƈte.)

SCENE PREMIERE.

Le Comte de KENT, EDGARD.

LE COMTE.

Oui, je l'avoue, Edgard, une cauſe ſi belle
Avoit droit d'enflammer ton courage & ton zele ;
J'approuve avec tranſport tes deſſeins généreux :
Tous nos efforts, mon fils, ſont dûs aux malheureux,
Dis-moi, que fait ton frere ?

EDGARD.

Il anime, il ſeconde
Les vengeurs vertueux de Léar & d'Helmonde.
Mais les momens ſont chers. Je connois les chemins :
Remettons & la fille & le pere en leurs mains.
Je pars ; &, ramenant une vaillante élite,
Auſſi-tôt vers mon camp j'aſſure leur conduite.
Quel ſera le tranſport, l'eſpoir de nos Héros,
En les voyant tous deux marcher ſous nos drapeaux !
Tout enfin du ſuccés ſemble m'offrir l'augure ;
Des Citoyens ligués au nom de la nature,
Un Vieillard devant eux expoſant ſa douleur,

La majefté des ans, du trône, du malheur.

Oui, vers mon camp, les Dieux, ces Dieux que j'en
　　dois croire,

Déjà pour le venger appellent la victoire.

Quand viendra le moment de voler aux combats !

LE COMTE.

Mais comment dès ce jour l'emmener fur tes pas?

Comment charger fon front du poids de la couronne,

Si pour jamais, mon fils, fa raifon l'abandonne,

S'il traîne dans la honte un fceptre humilié,

Vil fpectacle à la fois d'opprobre & de pitié?

EDGARD.

Ne défefpérons point. Dans ce cœur trop fenfible

L'orage s'eft calmé par un éclat terrible.

La douceur du repos, par fes charmes puiffans,

Vient enfin, fous nos yeux, d'enchaîner tous fes fens.

Qui fait fi le fommeil qui déjà dans fes veines

Fait couler fa fraîcheur & l'oubli de fes peines,

Ce fommeil qui, calmant les plus fougueux tranfports,

Affoupit tout dans l'homme, excepté le remords,

Ne rallumera point cette célefte flamme

Que des enfans ingrats ont éteinte en fon ame?

Car fon égarement n'eft pas le trifte fruit

D'un corps trop épuifé que l'âge enfin détruit;

C'eft l'effet d'une plaie & profonde & cruelle

Que creufa dans fon fein la douleur paternelle.

Je ne me trompe point, oui, j'ai vu dans fes traits

Briller quelques rayons de bonheur & de paix.

SCENE II.

LE COMTE DE KENT, EDGARD, HELMONDE.

HELMONDE.

CHER COMTE, enfin les Dieux ont daigné, fur,
    nos têtes,
Après tant de courroux, enchaîner les tempêtes :
Le jour n'eſt pas éteint ; & ſon heureux retour
Pour les mortels encore annonce leur amour.
En jouirons-nous ſeuls ? Si ſa douce lumiere
Pouvoit, à ſon réveil, flatter l'œil de mon pere !
Si cet œil, que des pleurs ont trop long-temps bleſſé,
Par ſes tendres rayons ſe ſentoit carreſſé !
S'ils l'aidoient par degrés à reconnoître Helmonde !
Sur de foibles ſecours mon vain eſpoir ſe fonde ;
Mais, quels qu'ils ſoient enfin, je les implore tous,
Et ma douleur au moins ſe conſulte avec vous.

EDGARD.

Madame, il me ſuffit : je vais trouver Norclete :
Mes ſoins dans un moment vous auront ſatisfaite.

                  (Il ſort.)

SCENE III.

LE COMTE DE KENT, HELMONDE.

LE COMTE.

Madame, pardonnez si mon fils à l'instant
Va rejoindre à grands pas le parti qui l'attend.
Il reviendra bientôt. Une escorte fidelle
Doit vous rendre aux vengeurs dont le cri vous appelle.

SCENE IV.

LE COMTE DE KENT, HELMONDE, LÉAR, EDGARD, NORCLETE.

(Edgard & Norclete apportent Léar endormi sur un lit de roseaux, & le placent vis-à-vis les rayons de l'aurore naissante qui pénetrent dans la caverne.)

LE COMTE *à Helmonde.*

Mais voici votre pere.

HELMONDE.

Ah Ciel !

EDGARD *à Helmonde.*

Souffrez qu'Edgard
S'arme pour vous, Madame, & presse son départ.

(*à Norclete.*)

Vous favez nos deffeins. Toi, près de cette voûte,
Sous ces bois, ces rochers, regarde, obferve, écoute.
Tout m'eft fufpeƈt, ami, dans ces fombres forêts.
Epie, en te cachant, les mouvemens fecrets,
Le bruit le plus léger, la voix, le pas des traîtres,
Et reviens dans l'inftant en avertir tes maîtres.

NORCLETE.

A mon zele, Seigneur, qu'un tel devoir eft doux!
J'obéis à votre ordre, & je fors avec vous.

(*Il fort avec Edgard.*)

SCENE V.

Le Comte de KENT, HELMONDE, LÉAR.

HELMONDE.

QUE penfez-vous, cher Comte? Hélas! voilà mon
pere.
Son trouble eft-il calmé? Que faut-il que j'efpere?
Lifez-vous fur fon front quelque préfage heureux?

LE COMTE.

Je n'y remarque rien qui détruife vos vœux.

HELMONDE.

(*baifant doucement le front de Léar endormi.*)

Tendre cœur de mon pere, oh! puiffent de ma bouche
Sortir de doux accens dont le charme te touche!
Qu'ils guériffent la plaie & les coups douloureux
Dont mes fœurs ont percé ce cœur trop généreux!

LE COMTE. (*à part.*)

O Ciel, que de vertus! Ame senfible & pure ;
Sous quels indignes traits te peignit l'imposture !

HELMONDE.

Quand mes sœurs à ton sang n'auroient pas dû le jour ;
Au cri de la pitié leur sexe étoit-il sourd !

(*en pleurant.*)

Mon pere, étois-tu fait pour incliner ta tête
Sous le poids des torrens vomis par la tempête !
Hélas! je les ai vus, ce front, ces cheveux blancs ;
Sous le feu des éclairs, infultés par les vents.
Quelle nuit en horreurs fut jamais plus fertile !
Au dernier des humains j'euffe ouvert un afyle :
Et toi, mon pere, & toi.... voilà tous les fecours
Que le Ciel m'a prêtés pour conferver tes jours;
Ces bras qui t'ont reçu, la caverne où nous fommes ;
Le mépris, qui te cache à la fureur des hommes,
Ce déplorable lit, ces rofeaux, que du moins
La pauvreté fenfible offrit à tes befoins.
Ah! fi par tes douleurs la raifon t'eft ravie,
Sans peine à te fervir je confacre ma vie.

(*au Comte.*)

Le jour de la raifon peut-il fe rallumer ?

LE COMTE.

Il eft des végétaux d'où l'art fait exprimer
Quelques fucs bienfaifans dont la puiffance active
Rappelle en notre efprit fa clarté fugitive.

HELMONDE.

Admirables préfens, végétaux précieux,
Pour guérir les mortels, nés du fouffle des Dieux,
Si vous pouvez m'entendre & fentir mes alarmes,
Fleuriffez pour mon pere, & croiffez fous mes larmes!
Ne trompez pas mes vœux! Et vous, fommeil, & vous,
Répandez fur fes yeux vos pavots les plus doux!
Que jamais leur fraîcheur ne baigne ma paupiere,
Que vous n'ayez rendu le repos à mon pere!....
Ah! cher Comte, fon front a paru s'éclaircir.

LE COMTE.

Daigne le Ciel entendre un fi jufte defir!

HELMONDE.

Si fa foible raifon fe ranimoit encore!
Le calme de fes traits peut-être en eft l'aurore.
Mais il s'éveille.

LÉAR.

O Ciel! quel fpectacle nouveau.
Pourquoi me forcez-vous à fortir du tombeau!

(*charmé par les rayons de l'aurore.*)

O la douce lumiere!.... Ah! d'où reviens-je? où fuis-je?
Ce jour, ce lieu, ce corps, tout me femble un preftige;
Tout chancelle & s'échappe à mes yeux incertains;
Je n'ofe qu'en tremblant me fier à mes mains.
Dans cet état honteux, j'ai pitié de moi-même.

HELMONDE

Regardez-moi, Seigneur, fongez que je vous aime.

LÉAR.

Ah ! ne m'infultez pas.

(*Il va pour fe mettre aux pieds d'Helmonde.*)

HELMONDE, *relevant Léar.*

Seigneur, que faites-vous !
C'eft à moi qu'il convient d'embraffer vos genoux.

LÉAR.

Vous voyez, je fuis foible.

HELMONDE.

Hélas !

LÉAR.

Ma fin s'apprête ;
Les ans fe font en foule entaffés fur ma tête.
Daignez me protéger.

HELMONDE.

Contre qui ?

LÉAR.

Contre.... Eh quoi,
Vous ne favez donc pas leurs complots contre moi ?

HELMONDE.

Quels font vos ennemis ?

LÉAR.

Attendez.... Ma mémoire...
Je ne m'en fouviens plus.

HELMONDE.

De votre antique gloire
On parle quelquefois.

LÉAR.

LÉAR.

Vous le croyez! Ce bras
S'est souvent signalé jadis dans les combats.

HELMONDE.

Quels drapeaux suiviez-vous dans votre ardeur guerriere?
Auriez-vous été Roi?

LÉAR.

Roi? non; mais je fus pere.

HELMONDE.

Sans doute vous plaignez les peres malheureux?

LÉAR.

Mon cœur s'est de tout temps intéressé pour eux.
Ce nom me plaît toujours; il a pour moi des charmes.

HELMONDE.

Hélas, j'en connois un bien digne de mes larmes!

LÉAR

Est-ce le vôtre?

HELMONDE.

Ah Dieux!

LÉAR.

Vous versez des pleurs!

HELMONDE.

Oui.

LÉAR.

Pourquoi, si vous l'aimez, n'être pas avec lui?
Est-il dans ces climats? Est-il vivant encore?

HELMONDE.

Il vit.

F

LÉAR.

Quel est son nom ?

HELMONDE.

Léar.

LÉAR.

Léar! J'ignore
Ce qu'il peut être.

HELMONDE à part.

Hélas!

LÉAR.

Et vous connoît-il ?

HELMONDE.

Non.

LÉAR.

Pourquoi ?

HELMONDE.

Ses longs malheurs ont troublé sa raison.

LÉAR.

Il a donc bien souffert! Eh, qui les a fait naître ?

HELMONDE.

De coupables enfans, qu'il aima trop peut-être.

LÉAR.

Des enfans! En effet, ils sont tous des ingrats.
Mais vous, à ces cœurs durs vous ne ressemblez pas ;
Vous respectez les Dieux, vous aimez vôtre pere ?

HELMONDE.

Quel présent plus sacré m'ont-ils fait sur la terre !

LÉAR.

Ah ! s'ils m'avoient donné deux filles comme vous !
Mais , hélas !....

HELMONDE.

Achevez.

LÉAR.

Ils m'ont, dans leur courroux ;
Donné deux monſtres qui....

HELMONDE.

Parlez : qui.....

LÉAR *avec un ſouvenir confus.*

Leurs viſages ,
Leurs traits me ſont préſens.

HELMONDE.

Songez à leurs outrages.
Ne vous ſouvient-il plus qu'on vous ait offenſé ?

LÉAR.

Oui... d'un Palais... la nuit... je crois qu'on m'a chaſſé.

HELMONDE.

Vous rappeleriez-vous le nom de votre fille ?

LÉAR.

C'eſt... Régane... Oui , Régane.

HELMONDE.

Et l'autre ?

LÉAR.

Volnérille ;

HELMONDE *montrant le Comte.*

Les traits de ce guerrier ne vous frappent-ils pas ?

LÉAR.

C'eſt mon ami, c'eſt Kent ; il a ſuivi mes pas.

(*à Helmonde, comme s'il ſe la rappeloit confuſément.*)

Mais vous !

HELMONDE.

Je ne ſuis point, hélas ! une étrangere.

LÉAR.

Ne m'avez-vous pas dit que vous aviez un pere ?

HELMONDE.

Oui.

LÉAR.

Qu'il vivoit encor, qu'il étoit malheureux,

Que vous l'aimiez ?

HELMONDE.

Sans doute.

LÉAR.

Eh ! quel revers affreux

Vous a donc ſéparés ?.... Mes ſouvenirs reviennent.

Avez-vous des ſœurs ?

HELMONDE *à part.*

Oui. Ciel ; que mes vœux l'obtiennent !

Sa raiſon va renaître : accomplis ton deſſein !

LÉAR.

Mon cœur frémit, s'élance, il bondit dans mon ſein.

Oui, vous avez des ſœurs. Mon eſprit ſe rappelle

Que leur cédant mon Trône.... Il s'égare, il chancelle ;

Sa clarté difparoît. Dieux! fixez ce flambeau,
Ou plongez-moi vivant dans la nuit du tombeau!

(à *Helmonde.*)

Que vous difois-je? Eh bien?.... Ah! daignez m'en
inftruire.

Je crois qu'enfin pour moi ma raifon vient de luire.
O qui que vous foyez, ne m'abandonnez pas,
Aidez-moi par pitié!

HELMONDE.

Je vous difois.... hélas!....

LÉAR.

Oui, vos pleurs, je le vois, cachent quelque myftere.
Quel eft votre pays, votre nom, votre pere?
O doux efpoir!... Grands Dieux, s'il n'eft pas une erreur,
Rendez-moi ma raifon, pour fentir mon bonheur!

(*au Comte de Kent.*)

Mon ami, je mourrai de l'excès de ma joie.

LE COMTE.

(*bas à Helmonde.*)

Redoutez les tranfports où fon ame fe noie.

HELMONDE.

Vers fon fein malgré moi mes bras font emportés:
Je ne réfifte plus.

LÉAR.

Mon cœur parle.

LE COMTE *à Helmonde.*

Arrêtez.

F iij

HELMONDE.

La nature m'entraîne.

LÉAR.

Et moi, le sang m'éclaire.

HELMONDE.

Reconnoissez Helmonde.

LÉAR.

O ma fille!

HELMONDE.

O mon pere!

Nous voilà réunis : oubliez vos malheurs ;
Confondons nos destins & notre ame & nos pleurs.

LÉAR.

Larmes de mon enfant, coulez sur ma blessure ;
Dans ce cœur paternel consolez la nature ;
Coulez avec lenteur sur ses replis sanglans
Que la dent des ingrats déchira si long-temps.
Oui, je sens que tes pleurs, en baignant mon visage,
M'ont rendu ma raison, m'en font chérir l'usage.
Oh! reste sur mon sein. Vingt siecles de tourment
Seroient tous effacés par un si doux moment.
Dieux! veillez sur ses jours. Dieux! pour faveur derniére,
Que j'expire en ses bras du bonheur d'être pere!

HELMONDE.

Ils viennent d'exaucer mon plus tendre desir :
Pour vous, auprès de vous, je veux vivre & mourir.

LÉAR.

Hélas! dans quel état, ma fille, es-tu réduite ?

HELMONDE.

Seigneur, de vos deſtins laiſſez-moi la conduïte.
Vos tyrans ſont haïs; vos défenſeurs ſont prêts:
Edgard les a pour nous cachés dans ces forêts;
Pour nous mettre en leurs mains, il va bientôt paraître.
Voici, voici l'inſtant de détrôner un traître.
De la couronne encor vôtre front va s'orner.

LÉAR.

Je pourrai donc, ma fille, enfin te la donner.
O noble & brave Edgard!

LE COMTE.

Je réponds de ſon zele.

LÉAR.

Il eſt né de ton ſang, il doit m'être fidele.

HELMONDE.

Il veilla ſur mon ſort dans mon adverſité.

LÉAR *au Comte.*

Et toi, dans mon malheur, tu ne m'as pas quitté.
Vous ſerez les vengeurs de Léar & d'Helmonde.

SCENE VI.

LE COMTE DE KENT, HELMONDE, LÉAR, NORCLETE.

NORCLETE.

MADAME, en parcourant cette forêt profonde,
J'ai fu, par un foldat que m'offroit le hafard,
Que le Duc eft tout prêt à marcher contre Edgard,
Régane, m'a-t-il dit, irrite fa colere ;
Et ces bois vont fervir de théatre à la guerre.
Il croit que dans ce jour la perte du combat
Va foulever contre eux le peuple & le foldat ;
Que ce peuple en fecret n'attend que leur difgrace
Pour rappeler Léar & le mettre à leur place.
Je revenois vers vous, prompt à vous informer
D'un avis important qui peut vous alarmer,
Lorfque j'ai vu foudain, troublé par leurs approches,
Des foldats par le Duc envoyés fous ces roches,
Qui, d'un front attentif & d'un air curieux,
Par-tout fembloient porter leur efprit & leurs yeux.
Il n'en faut point douter, l'on cherche à vous furprendre.

HELMONDE à Léar.

A mes juftes defirs, Seigneur, daignez vous rendre.
Je ne crains que pour vous : moi, fous ce vêtement,
Je puis à leur recherche échapper aifément.

Hélas! c'eſt à vous ſeul que leur fureur s'attache.
Dans cet antre profond ſouffrez que je vous cache.

LÉAR.

Me cacher!

LE COMTE.

(montrant Helmonde à Léar.)

Eh! Seigneur, regardez ſon effroi.

LÉAR.

(en ſuivant Helmonde.)

Allons, défends mes jours; je cede; ils ſont à toi.

(Il s'enfonce dans la caverne avec Helmonde.)

SCENE VII.

LE COMTE DE KENT, NORCLETE.

LE COMTE.

O vous, Dieux immortels, arbitres des batailles;
Verriez-vous d'un même œil Léar & Cornouailles!
Leur cauſe eſt différente, & vous la connoiſſez.
Chaque parti s'approche; il eſt temps, prononcez.
L'honneur d'un tel combat m'eſt interdit peut-être:
Vengez par mes deux fils les affronts de mon maître.
Les momens les plus vifs & les plus dangereux,
Les poſtes du péril, je les retiens pour eux.
Mais, hélas! protégez & leurs jours & leur gloire;
Ou payez-moi du moins leur ſang par la victoire.
Vous n'entendrez de Kent ni plainte ni ſoupir,
S'ils ont eu pour leur Roi le bonheur de mourir.

SCENE VIII.

LE COMTE DE KENT, NORCLETE, HELMONDE.

HELMONDE.

JE respire, cher Kent : le creux d'un chêne antique,
Où d'un obscur détour conduit la route oblique,
Vient de cacher mon pere ; & c'est-là, dans la nuit,
Qu'il pourra se soustraire à l'œil qui le poursuit.

SCENE IX.

LE COMTE DE KENT, NORCLETE, HELMONDE, OSWALD, SOLDATS DE SA SUITE.

OSWALD.

QUI demeure en ces lieux ?
NORCLETE.
Moi.
OSWALD.
Votre nom ?
NORCLETE.
Norclete;
OSWALD.
(montrant le Comte.)
Quel est cet Etranger ?
NORCLETE.
Cherchant une retraite;

Il a trouvé ce toît : je me suis acquitté
Des devoirs naturels de l'hospitalité.

OSWALD.

(en montrant Helmonde.)

Cette fille?

NORCLETE.

Est la mienne.

OSWALD.

On dit que ces bois sombres
Cachent un fugitif égaré sous leurs ombres.

HELMONDE.

Quel est ce fugitif?

OSWALD.

Léar.

HELMONDE.

Ah ! ses malheurs
Auront fini ses jours réservés aux douleurs.

OSWALD.

Auriez-vous de sa mort entendu la nouvelle?

HELMONDE.

Le bruit en a couru; je le crois trop fidele.

OSWALD.

(à ses soldats.)

Remplissons nos devoirs : sous ce long souterrain
Voyez, cherchez par-tout, vos flambeaux à la main.

(Les soldats allument leurs flambeaux à une lampe qui
brûle dans la caverne ; Oswald descend avec eux
dans la partie intérieure du fond, & ils en visitent
tous les détours.)

HELMONDE.

(au Comte de Kent, à voix baſſe, en tremblant.)

Ils vont tout obſerver ſous ces voutes ſecretes?

LE COMTE.

(auſſi à voix baſſe.)

Dérobez & la crainte & le trouble où vous êtes.

HELMONDE.

Grands Dieux! vous m'entendez!

NORCLETE.

                     Ah! malgré moi je ſens

La terreur me ſaiſir, & glacer tous mes ſens.

OSWALD.

(aux ſoldats qui reviennent avec lui.)   *(à Norclete)*

Léar n'eſt point ici. Sortons. Vieillard, écoute :

Si Léar, par ſes pleurs, ſous cette horrible voûte,

Vient implorer, la nuit, tremblant, ſaiſi d'effroi,

La grace d'y fouler ces roſeaux près de toi,

Sois ſourd à ſa priere, & demeure inflexible.

HELMONDE.

Il eſt donc menacé d'un péril bien terrible?

OSWALD.

Si jamais Cornouaille eſt maître de ſon ſort. . . .

HELMONDE.

Eh bien! ſon traitement quel ſera-t-il?

OSWALD.

                           La mort.

HELMONDE.

(Elle tombe évanouie entre les bras de Norclete.)

OSWALD,

(*regardant Helmonde.*)

Sa douleur m'eſt ſuſpecte & me cache un myſtere.

(*à ſes ſoldats.*)

Qu'on l'emmene.

LE COMTE *en tirant ſon épée.*

Arrêtez.

OSWALD.

Que prétendez-vous faire ?

LE COMTE.

Je la défendrai ſeul.

OSWALD.

Tes efforts ſeront vains.

Soldats, ſans plus tarder, tirez-la de ſes mains.

LE COMTE.

Oſez-vous bien, cruels !....

OSWALD.

Obéiſſez ſur l'heure.

LE COMTE.

Avant qu'on me l'arrache, il faudra que je meure.

Mes bras, mes foibles bras, ſur ſon corps attachés...

SCENE X.

LÉAR , LE COMTE DE KENT , NORCLETE,
OSWALD , SOLDATS DE SA SUITE.

LÉAR *avec douleur & abandon.*

ME voici, me voici ; c'eft moi que vous cherchez :
On me peut aifément connoître à ma mifere ;
C'eft moi qui fuis Léar, c'eft moi qui fuis fon pere.
Ce vieillard généreux, par fon zele animé,
C'eft Kent : fon feul forfait eft de m'avoir aimé.
Sauvez ma fille & lui ; mais moi, que je périffe !
(*montrant Helmonde.*)
Mon gendre & fes deux fœurs vous pairont ce fervice.
Tuez-moi par pitié ; brûlez ces cheveux blancs ,
Ce chêne dont le tronc m'a reçu dans fes flancs.
(*à Helmonde.*)
Hélas! nous n'aurons pas gémi long-temps enfemble.

HELMONDE.

Ah ! plutôt tous les trois que la mort nous raffemble ;
(*en montrant les Soldats.*)
Suivons leurs pas, mon pere.

OSWALD.

Allons, je l'ai promis ;
Au Duc , qui les attend, livrer fes ennemis.

Fin du quatrieme Acte.

ACTE V.

(Le Théâtre eſt le même qu'aux troiſieme & quatrieme Actes.)

SCENE PREMIERE.

LE DUC DE CORNOUAILLES , OSWALD,
GARDES.

LE DUC *fait ſigne à ſes Gardes de ſe retirer : ils ſe
retirent.*

Ministre intelligent de ma fureur ſecrete ;
Toi qui lis mes terreurs dans mon ame inquiete ,
Qui, ſur le moindre ſigne expliquant mon courroux ;
Perces d'abord le ſein que j'indique à tes coups ,
Oſwald, mon cher Oſwald , grace à ta diligence ;
Léar avec ſa fille eſt donc en ma puiſſance.
Voilà cette caverne où , loin de tous les yeux ,
Ils dirigeoient ſans bruit leurs complots odieux ,
Où ſous l'obſcurité d'une forêt profonde.....

OSWALD.

Seigneur , ſeule en ces bois, j'ai fait garder Helmonde ;
Elle eſt près de ces lieux ; Léar , en ce moment ,
S'abandonne aux erreurs d'un doux égarement ;
Mais , s'il revient à lui, d'abord occupé d'elle ,

Par des cris douloureux je crains qu'il ne l'appelle.
Vos soldats au combat sont tout prêts à marcher :
Mais Edgard semble fuir, & n'ose vous chercher.
Votre épouse, Seigneur, ici prompte à se rendre,
S'avance sur mes pas ; & vous allez l'entendre.

LE DUC.

Il suffit, cher Oswald. Sois prêt, & te souviens
D'exécuter d'abord ses ordres & les miens.
Le sort va de mes coups servir la hardiesse ;
Et je peux.... Laisse-nous, j'apperçois la Duchesse.
(*Oswald sort.*)

SCENE II.

LE DUC ET LA DUCHESSE DE CORNOUAILLES.

LE DUC.

Madame, il étoit temps que, servant mes desseins,
Oswald remit Léar & sa fille en mes mains :
Quelques momens plus tard, je n'en étois plus maître ;
Ils passoient dans un camp, sous les drapeaux d'un
     traître,
Qui de son camp déjà soulevé contre nous,
Par leur présence encore, aigriroit le courroux.
Il voit avec dépit, malgré sa vigilance,
Leur prompt enlevement tromper son espérance.
Non, je ne crains plus rien.

REGANE.

RÉGANE.

      Tous ses soldats troublés

Dans ces sombres forêts sont, dit-on, rassemblés.

LE DUC.

Vous les verrez bientôt me demander leur grace,

Et d'un chef imprudent abandonner l'audace.

Mon camp, prêt à marcher, veille, & me répond d'eux.

RÉGANE.

Léar pour nous peut-être est encor dangereux.

LE DUC.

Que craindre d'un vieillard que réclame la tombe,

Dont la raison s'éteint, dont le parti succombe,

Qui présente, immobile, à l'œil épouvanté,

La misere, l'enfance & la caducité !

Non, non, ce n'est point lui qui cause mes alarmes.

RÉGANE.

Est-ce Helmonde ?

LE DUC.

   Elle-même, oui : ses soupirs, ses larmes,

Des sujets toujours prêts à s'armer contre nous,

Ces titres que le sang lui donne comme à vous,

Son malheur, sa beauté, je ne sais quel empire

Qui naît de ce mélange, & dont le charme attire,

Pour un pere opprimé cet amour prétendu

Dont le bruit imposant s'est par-tout répandu ;

Oui, jusqu'à son nom seul, tout excite ma crainte.

RÉGANE.

Ne pouvez-vous, Seigneur, en repousser l'atteinte ?

LE DUC.

Je le voudrois sans doute.

RÉGANE.

Eh quoi! douteriez-vous
Du forfait qui la rend criminelle envers nous!
N'est-ce pas elle enfin dont l'insolente audace
Vient d'armer vos sujets, aspire à notre place,
Qui d'avance en son cœur dévoroit notre rang,
Et va couvrir ces bords de carnage & de sang!
Mais c'est peu d'un combat; craignez ses artifices.
Votre Cour, votre camp sont pleins de ses complices;
Tout est danger pour nous. Voyez avec quel art
Elle a, sans se montrer, séduit Lénox, Edgard!
Je n'en cite que deux; mille autres peuvent l'être.
Vous savez si les cœurs sont aisés à connoître;
Si près de nous sans cesse un zele insidieux
Y fait mentir la voix & le geste & les yeux.
Un revers peut soudain tromper notre espérance,
Et même contre nous tourner notre puissance.
Helmonde vit encore : avant de la juger,
Il faut tout éclaircir, la voir, l'interroger,
Prononcer en pleurant un arrêt nécessaire,
Du grand nom de justice en couvrir le mystere;
Et faire ainsi tomber, sous le glaive abattu,
Ce fantôme enchanteur d'une fausse vertu.
Voilà le seul remede où mon espoir se fonde.

LE DUC.

(*Les Gardes s'avancent.*)

Gardes, que dans l'inſtant on nous amene Helmonde.

(*Les Gardes ſortent*)

RÉGANE.

Mon eſprit ſur un point voudroit être éclairci :
Vous m'entendez, je penſe ! Oſwald. . . .

LE DUC.

Il eſt ici.

Il n'attend que mon ordre.

RÉGANE *à part, appercevant Helmonde.*

Allons. . . . Elle s'avance :
D'un courroux trop ardent domptons la violence.

SCENE III.

LE DUC DE CORNOUAILLES , RÉGANE,
HELMONDE, GARDES.

LE DUC.

MADAME, à notre aſpect, votre cœur agité
Conçoit, par ſes complots, ce qu'il a mérité :
S'il ſe ſent criminel, il ſait ce qu'il redoute.

HELMONDE.

Vous êtes tout-puiſſant ; je dois frémir ſans doute :
Mais, quel que ſoit mon ſort, j'ai rempli mon devoir.
Il n'eſt plus qu'un malheur qui me puiſſe émouvoir.

Je fens s'ouvrir mon ame aux plus vives alarmes ;
Et ce n'eft pas fur moi que je verfe des larmes. :
Hélas ! fongez du moins, quand je m'offre à vos coups ;
Qu'un Vieillard vous implore & tombe à vos genoux ;
Il y courbe, en tremblant, fa tête paternelle.
Souffrez que, fans témoins, à fa douleur fidelle,
Dans mes bras quelquefois il puiffe s'attendrir,
Et, déjà dans la tombe, achever d'y mourir.
A la même pitié je ne dois pas prétendre ;
Mais fi le fang auffi pour moi fe fait entendre,
Ne m'ôtez pas, ma fœur, (leur terme n'eft pas loin)
Quelques jours malheureux dont mon pere a befoin.
Quand il ne fera plus, tranchez foudain ma vie :
Sans crainte alors.....

RÉGANE.

De tout je veux être éclaircie.

HELMONDE.

Que me demandez-vous ?

LE DUC.

Par quels moyens, pourquoi
Le bras de mes fujets s'eft-il levé fur moi ?

HELMONDE.

Hélas ! ....

LE DUC.

Parlez, Madame.

RÉGANE.

Où done eft ce courage

Qui d'un pere opprimé devoit venger l'outrage ?
Ce cœur si généreux l'a-t-il déja perdu ?

HELMONDE.

S'il m'avoit pu trahir , vous me l'auriez rendu.

RÉGANE.

Il est plus d'un secret dont il faut nous instruire ;
Et dans de tels forfaits.....

HELMONDE.

               Je vais tous vous les dire.
J'aime, j'aime mon pere. Au bruit de ses malheurs ,
J'ai voulu le venger ; j'ai senti ses douleurs :
La Cour, le Peuple, Edgard, tous ont plaint son injure.
J'ai pour mes conjurés le Ciel & la nature.

LE DUC

Vous attendiez Léar dans cet antre odieux ?
Qui l'a guidé vers vous ?

HELMONDE.

              Les éclairs & les Dieux.

LE DUC

Qui corrompit Edgard ?

HELMONDE.

            L'aspect de mes miseres.

LE DUC.

Vos complices ?

HELMONDE.

Tous ceux qui respectent leurs peres.

LE DUC.

Leurs noms ?

HELMONDE

Je les tairai.

LE DUC.

Je veux les découvrir.

RÉGANE.

Les plus cruels tourmens.....

HELMONDE.

Ma sœur, je fais mourir.
Vers un si beau trépas je marche enorgueillie.
On cache ses forfaits ; les miens, je les publie.
Eh ! qu'avois-je besoin d'enflammer vos sujets ?
Ils couroient tous en foule appuyer mes projets ;
Ils sembloient tous venger leur pere & leur injure.
Le peuple avec transport sent toujours la nature.
Tremblez, ingrats, tremblez : j'arme ici contre vous
Les peres, les enfans, les femmes, les époux.

(au Duc.)

Tyran, tu répondras des destins de mon pere ;
Te voilà de ses jours comptable à l'Angleterre.
Tu frémiras peut-être en ordonnant les coups.
Que dis-je ! ah, pardonnez ; je tombe à vos genoux.
Vous n'avez rien à craindre : oubliez mon offense ;
Vous pouvez sans péril écouter la clémence.
Duc, soyez généreux : souvenez-vous, hélas !
Que Léar vous donna sa fille & ses États.
Ah ! ma sœur appaisez sa fureur vengeresse.

Du faint nœud de l'hymen atteftez la tendreffe.

Si vous craignez leurs coups, pour défarmer nos Dieux,

Ma fœur, voyez mes bras étendus vers les Cieux:

J'oublierai mes affronts, ma fuite, ma mifere;

Non, je ne vous haïs pas, fi vous aimez mon pere.

SCENE IV.

LE DUC DE CORNOUAILLES, RÉGANE, HELMONDE, GARDES, LÉAR, LE COMTE DE KENT.

LÉAR *derriere le Théâtre.*

MA fille, entends ma voix!

HELMONDE *au Duc.*

Ah! plaignez fes malheurs.

Il m'apporte en mourant fes dernieres douleurs:

Hélas! vous n'aurez pas befoin d'un parricide.

LÉAR.

(*entrant fur la fcene avec un égarement paifible & plein de tendreffe.*)

Vers vous, mes chers enfans, c'eft le Ciel qui me guide.

(*en mettant Régane entre les bras du Duc.*)

Cher Duc, voilà mon fang, & je te l'ai donné.

Je ne me repens pas de t'avoir couronné.

HELMONDE.

Voilà donc l'ennemi que vous avez à craindre!

Mais fon malheur vous touche, & vous femblez le plaindre.

G iv

S C E N E V.

LE DUC DE CORNOUAILLES, RÉGANE,
HELMONDE, GARDES DU DUC DE
CORNOUAILLES, LÉAR, LE COMTE DE KENT,
LE DUC D'ALBANIE, GARDES DU DUC
D'ALBANIE.

LE DUC D'ALBANIE.

DUC, tout prêt à tenter le deſtin des combats,
Le camp d'Edgard s'approche & croît à chaque pas.
Tremblez qu'à ſes deſirs le ſuccès ne réponde.
On s'arme pour Léar, on idolâtre Helmonde ;
Tout reſpire & la guerre & la haine & l'effroi.
Tandis qu'il en eſt temps, empêchez, croyez-moi,
Que le ſort contre vous ne médite un outrage,
Que ces rochers bientôt ne fument de carnage.
Pour prévenir, Seigneur, ces combats inhumains,
Daignez remettre Helmonde & Léar en mes mains.
Je brigue ce dépôt. Et d'abord, à ce titre,
Je réponds de la paix, & je m'en rends l'arbitre :
Edgard ſe ſoumettra.

LE DUC DE CORNOUAILLES.

Qu'avec des révoltés
L'honneur d'un Souverain deſcende à des traités !
Approuvez bien plutôt ma trop juſte colere.

LE DUC D'ALBANIE.

(montrant Helmonde.)　(montrant Léar.)
Duc, voilà notre ſœur, & voilà notre pere.

LE DUC DE CORNOUAILLES.

Le nom de Souverain n'est-il donc rien pour vous?

LE DUC D'ALBANIE.

Le sang & la nature ont leurs droits avant nous.

(montrant Léar & Helmonde.)

Puis-je les emmener ? Quelle est votre réponse?

LE DUC DE CORNOUAILLES.

Sur leur sort, quel qu'il soit, c'est moi seul qui prononce.
Je les garde, Seigneur.

LE DUC D'ALBANIE.

Ils sont en sûreté?

LE DUC DE CORNOUAILLES.

Je sais ce qui convient à ma tranquillité.

LE DUC D'ALBANIE.

J'ai fait ce que j'ai dû Seigneur , je me retire.
Chacun a ses desseins : je n'ai plus rien à dire.
Puisse le Ciel bientôt prononcer entre nous!
Mais par aucun lien je ne tiens plus à vous.
Adieu , Seigneur.

LE DUC DE CORNOUAILLES.

Adieu.

(Le Duc d'Albanie sort avec ses gardes.)

SCENE VI.

LE DUC DE CORNOUAILLES, RÉGANE,
HELMONDE, GARDES DU DUC,
LÉAR, LE COMTE DE KENT.

LE DUC DE CORNOUAILLES.

JE crains peu sa vengeance;
La force est dans mes mains.

SCENE VII.

LE DUC DE CORNOUALLES, RÉGANE,
HELMONDE, GARDES DU DUC,
LÉAR, LE COMTE DE KENT, STRUMOR.

STRUMOR *au Duc.*

SEIGNEUR, Edgard s'avance;
Il renverse, il détruit vos bataillons épars,
Et va bientôt ici porter ses étendars :
Tout fuit devant ses coups, & déja la victoire. . . .

LE DUC DE CORNOUAILLES.

Courons à ce rebelle en arracher la gloire.
Vous, Régane, écoutez.
(*il parle bas à la Duchesse.*)

RÉGANE.

Il suffit.

LE DUC DE CORNOUAILLES.

(aux gardes qui sont dans l'enfoncement.)

Vous, soldats,

(leur montrant Léar & Helmonde.)

Restez, veillez sur eux, & ne les quittez pas.

(Il sort avec Strumor d'un côté, & Régane sort de l'autre.)

SCENE VIII.

HELMONDE, LÉAR, LE COMTE DE KENT.
GARDES DU DUC DE CORNOUAILLES.

LÉAR à *Helmonde & au Comte.*

Vous m'aimez, vous ?

LE COMTE.

Hélas !

HELMONDE.

En doutez-vous, mon pere?

LÉAR.

Ma fille, non, jamais tu ne me fus plus chere.
Quel que soit mon destin, je vivrai près de toi ;
Je ne me plaindrai plus.

SCENE IX.

HELMONDE, LÉAR, LE COMTE DE KENT, GARDES DU DUC DE CORNOUAILLES, OSWALD, SOLDATS DE SA SUITE.

OSWALD *à Helmonde.*

Madame, fuivez-moi.

HELMONDE *montrant Léar.*

Vous venez nous chercher tous les deux ?

OSWALD.

Non, Madame.

HELMONDE.

Quoi, feule ! La terreur eft au fond de mon ame.
Cher Kent. . . vous m'entendez !

LE COMTE.

(avec des larmes qu'il s'efforce de retenir.)

Hélas !

HELMONDE.

*(d'une voix baffe & très-éteinte, pour n'être pas
entendue de Léar.)*

Plus affermi,
Vivez, fermez fans moi les yeux de votre ami ;
Réfervez pour lui feul toute votre tendreffe.
Mais cachez-lui fur-tout.... C'eft affez.... Je vous laiffe.

LÉAR.

Tu me quittes?

HELMONDE.

Bientôt je reviens en ce lieu.

LÉAR.

Si j'attendois long-temps ? . . .

HELMONDE.

Adieu, mon pere, adieu.

(Ofwald la fait environner de fes foldats & l'emmene.)

SCENE X.

LÉAR, LE COMTE DE KENT, GARDES
DU DUC DE CORNOUAILLES.

LÉAR.

KENT, je la reverrai ?

LE COMTE.

Le Ciel qui nous raffemble

Va, pour toujours, Seigneur, nous réunir enfemble.

LÉAR.

Quel bonheur fe chérir, ne fe jamais quitter !
Sous ce toît innocent tous les trois habiter !
Dans ces jours de douleur & de crime où nous fommes ;
Du moins dans ces déferts nous échappons aux hommes.

(croyant voir revenir Helmonde.)

Ah, ma fille, c'eft toi ! Doux charme de mes maux
Reviens auprès de moi t'affeoir fur ces rofeaux.
Oh oui, fi je te perds, il faut m'ôter la vie !

SCENE IX.

LÉAR, LE COMTE DE KENT, GARDES DU DUC
DE CORNOUAILLES, LE DUC DE
CORNOUAILLES, EDGARD enchaîné, UN
SOLDAT DU DUC, UN AUTRE SOLDAT, SOLDATS
OU ARMÉE DU DUC DE CORNOUAILLES.

*(Ces Soldats entrent d'un air de triomphe, avec leurs
drapeaux victorieux, & ceux qu'ils ont pris dans le
combat.)*

LE DUC.

(tenant à la main son épée sanglante.)

Dans les flots de leur sang ma main s'est assouvie.
J'ai paru ; la victoire a volé sur mes pas.

    (à Edgard.)

Perfide, à ma fureur tu n'échapperas pas.
Lénox est dans mes fers.

EDGARD.

              Quoi, tyran que j'abhorre,
Quoi, le Ciel t'a fait vaincre, & je respire encore !
De mon trépas du moins, cruel, hâte l'instant.

LE DUC.

Tes vœux seront remplis ; c'est la mort qui t'attend.
Je n'écouterai plus ni pitié ni nature.

    (à Léar.)

Vieillard, tu gémiras dans une tour obscure.

    (au Comte.)

Toi, dans les mêmes fers, expire auprès de lui.

LÉAR *au Duc.*

Hélas ! ma fille au moins me servira d'appui.

LE DUC.

Ta fille ! elle n'eft plus.

LÉAR.

Ma fille !

EDGARD.

O Ciel !

LE COMTE.

Barbare !

EDGARD.

Ce parricide affreux ta bouche le déclare !

LE DUC.

Oui, d'Ofwald dans fon fang les bras fe font trempés :
Je ne crains plus rien d'elle, & les coups font frappés.

LÉAR.

Tigre, tu m'as rendu ma raifon toute entiere.
C'en eft donc fait, ô Ciel ! j'ai ceffé d'être pere.
(tombant évanoui fur un débris de rocher.)
Mon Helmonde n'eft plus !

LE DUC.

Qu'on l'emporte, Soldats.

LE COMTE.

Barbare, acheve enfin tous tes affaffinats !
Reviens à toi, Léar, prends la main de ton guide.
(montrant Léar.)   *(montrant le Duc.)*
O Ciel ! voilà le pere, & voilà l'homicide.
La couronne, le jour, il leur a tout donné ;
Et ce font fes enfans qui l'ont affaffiné !

EDGARD *dans les bras du Comte.*

Mon pere !

LE COMTE.

Cher Edgard !

LE DUC.

      Allons, qu'on les fépare :
Emmenez-les, foldats.

EDGARD.

     Je refterai, barbare.
De quel front ofes-tu commander en ces lieux,
Où ton froid parricide a fait pâlir les Dieux ?
Vois ces nobles Guerriers, avilis par ta gloire,
Pleurer de leurs drapeaux la honte & la victoire.
Helmonde a donc péri ! Ses mânes irrités
Vont demander vengeance & vont être écoutés.
Tyran, tu braves tout ; ton pouvoir te raffure ;
Mais tu n'as pas vaincu ces Dieux & la nature,
La nature indomptable, & qui, dans fa fureur,
Hors de fon fein facré te jette avec horreur.
Soldats, à mon fecours !

UN DES SOLDATS DU DUC.

(paffant du côté d'Egard.)

      J'embraffe ta défenfe ;
Je combattrai pour toi.
(Des foldats en affez grand nombre paffent à la fois
du côté d'Edgard.)

           LE

LE DUC.

(Ses soldats, en beaucoup plus grand nombre, & prêts à combattre, restent auprès de lui. Il est à leur tête, l'épée à la main.)

(au parti d'Edgard.)
Tremblez, traîtres !

EDGARD.

Vengeance !

(aux soldats du Duc.)
Amis, quoi, vous servez sous un monstre odieux
Couvert du sang d'Helmonde, abhorré par les Dieux,
Des Dieux qui vont sur vous envoyer leur colere !
(au Duc , montrant Léar & s'avançant vers lui)
Il te manque un forfait : monstre, égorge ton pere.

LÉAR.

(revenant à lui au nom de pere, avec joie & un reste d'égarement.)
Oui, je le suis.

LE DUC *furieux.*

Hé bien !....

UN AUTRE SOLDAT DU DUC.

Meurs, traître !
(il le désarme, & tourne son épée contre lui, près à le percer.)

EDGARD.

(Voyant le danger du Duc, & courant au Soldat qui va le tuer.)

Il est ton Roi.

(Tous les Soldats du Duc l'abandonnent, ils se rangent dans l'instant d'au parti d'Edgard, & tombent avec respect aux pieds de Léar : ils baissent devant lui leurs armes, & inclinent leurs drapeaux.) H

LE DUC.

Où fuis-je ?

EDGARD.

(aux Soldats qui font aux pieds de Léar.)

Quelle gloire & pour vous & pour moi !

(au Duc.)

Te voilà feul, fans arme, en butte à leur furie.
C'eft moi qui, dans les fers, difpofe de ta vie.
Eft-il un Ciel vengeur ? Parle, reconnois-tu
L'invincible pouvoir qu'il donne à la vertu ?
Va trouver tes pareils, Régane & Volnérille.

(aux Soldats.)

Qu'on l'entraîne, foldats.

(Les Soldats l'entraînent auffi-tôt.)

SCENE XIII.

LÉAR, LE COMTE DE KENT, GARDES DU DUC DE CORNOUAILLES, EDGARD, UN DES SOLDATS DU DUC DE CORNOUAILLES, UN AUTRE DE SES SOLDATS, TOUT SES SOLDATS OU SON ARMÉE, LE DUC D'ALBANIE, HELMONDE, GARDES DU DUC D'ALBANIE.

LE DUC D'ALBANIE.

(mettant Helmonde dans le bras de Léar.)

Léar, voilà ta fille.
J'avois tout craint d'Ofwald ; Ofwald levoit la main :
J'ai couru l'arracher à ce monftre inhumain.

Moi-même dans son sang j'ai noyé le perfide.
Volnérille, en ces lieux, doublement parricide,
Évitant mes regards, & voilant sa noirceur,
Irritoit sourdement les transports de sa sœur.
On vient de les saisir. Le Peuple est autour d'elles,
Et veut, dans sa fureur, déchirer les cruelles.
On s'écrie, on les traîne, au milieu des affronts,
Vers un séjour d'horreur, vers des gouffres profonds
Où la nuit & des fers, couvrant leurs mains impies,
Au soleil pour jamais vont cacher ces furies.
Leur crime a mérité le plus horrible sort;
Mais votre nom, Seigneur, les dérobe à la mort.
On bénit vos vertus, on court, on vole aux armes.
Tous les cœurs sont émus, tous les yeux sont en larmes.
Vivez, régnez, mon pere.

LÉAR.
      O clémence des Dieux,
  (en regardant Helmonde.)
De quel spectacle encor vous enivrez mes yeux!

HELMONDE.
Entre les mains d'Edgard ils ont mis leur puissance,
Pour punir des ingrats & venger l'innocence.

EDGARD.
Hélas! pere trop tendre & Roi trop généreux,
En m'exposant pour vous, j'ai cru m'armer pour eux.

LÉAR.
J'admire, en l'adorant, leur équité profonde.
Approchez-vous, Edgard; approchez-vous, Helmonde.

Recevez, mes enfans, avec le nom d'époux,
Celui de Souverain qui m'eſt rendu par vous.
Pour payer vos vertus, que ſont des diadêmes!
L'un à l'autre en préſens je vous donne vous-mêmes.

   (*au Duc d'Albanie, en lui montrant Helmonde.*)

Duc, je te dois ſes jours : jouis de tes bienfaits,
En voyant les heureux que ta grande ame a faits.
Que n'ai-je, ô mon cher fils, ô Héros que j'adore,
Une Helmonde à t'offrir, s'il en étoit encore!

   (*en montrant Edgard & Helmonde au Comte.*)

Kent, voilà nos enfans, tu veilleras ſur eux.
Et vous, qui m'accordez ces amis généreux,
Avant de m'endormir dans la nuit éternelle,
Dieux! laiſſez-moi goûter leur tendreſſe fidelle!
Si ma raiſon s'éteint, daignez la rallumer;
Ou laiſſez-moi du moins un cœur pour les aimer!

                     (*La toile tombe*)

FIN.

APPROBATION.

J'AI lu par ordre de M. le Lieutenant-Général de Police, *Le Roi Léar, Tragédie,* & je n'y ai rien trouvé qui m'ait paru devoir en empêcher la repréſentation & l'impreſſion.

A Paris, ce 24 Décembre 1782.

                          SUARD.

www.ingramcontent.com/pod-product-compliance
Lightning Source LLC
Chambersburg PA
CBHW051743090426
42738CB00010B/2396